パターン展開でバリエーションを楽しむ パンツ

2つの原型から作る11のデザイン

小峯有華

contents

01 straight-basic ·················· 6

02 straight-variation A ·················· 7

03 straight-variation A+α ·················· 8

04 straight-variation B ·················· 10

05 straight-variation C ·················· 11

06 straight-variation D ·················· 12

07 straight-variation E ·················· 14

08 straight-variation F ·················· 15

09 wide tuck-basic ·················· 16

10 wide tuck-basic ·················· 17

11 wide tuck-variation A ·················· 18

12 wide tuck-variation B ·················· 20

13 wide tuck-variation C ·················· 22

How to make ……… 24

- 道具について ……… 25
- 素材について ……… 26
- 糸と針について ……… 26
- サイズについて ……… 27
- 作業順序について ……… 27
- パターン展開について ……… 28

- 01 straight-basic ……… 29
- 02 straight-variation A ……… 38
- 09 wide tuck-basic ……… 49
- ポイントプロセス ……… 54
- 体型によるパターン補正について ……… 64

各作品の作り方 ……… 65

はじめに

「服は縫えるようになったけれど、いつも同じ
ところが上手くいかない」、「何となく手作り感
が抜けない」、また「自分が持っているパター
ンを使って形をアレンジしたい」。そういった
声をよく耳にします。
私もかつて、同じようなことを感じていました。

この本では、極力ミシンで仕上げる方法や縫い
代カットの工夫、お手持ちのパターンにも応用
出来るパターン展開法などを掲載しています。
「既製服のような仕様で、自分の服も作ってみ
たい…」この本が少しでもそうした皆さんの思
いに役立てば、とても嬉しいです。

今回、さまざまな縫製手順を検討する上で、恩
師である樋口明美先生にたくさんのアドバイス
をいただきました。また日頃、ソーイングブロ
グをご覧いただいている皆さまにも心から感謝
しています。ありがとうございます。

小峯 有華

本書について

- 本書は「01 straight-basic」と「09 wide tuck-basic」の2つの型紙を元にパターンの展開を楽しむ本です。

- 「01 straight-basic」を展開して7型、「09 wide tuck-basic」を展開して4型の全13型を掲載しています。

- 各作品の作り方は、24ページからの「How to make」に掲載しています。

- 型紙は「01 straight-basic」と「09 wide tuck-basic」の2型をとじ込み付録に掲載しています。

- 型紙の展開については、各作り方ページの「パターン展開の順序」をご覧ください。

- 型紙には縫い代はついていません。裁ち合わせ図を見て、写し取った型紙に必要な縫い代をつけて裁断してください。

- 縫い代の始末は「ロックミシンをかける」としていますが、ジグザグミシンでも問題ありません。

- 作品の「出来上がり寸法」でウエスト寸法の表記がないものは、ヒップハング（腰ばき）のデザインのものです。サイズを選ぶ際はヒップ寸法を基準に選んでください。

01
straight
basic
How to make → p.29

06
straight
variation D
How to make → p.72

12
wide tuck
variation B
How to make → p.88

How to make

基本の道具や素材、パターン展開の基本、
また本書で紹介した作品の作り方を解説します。

道具について

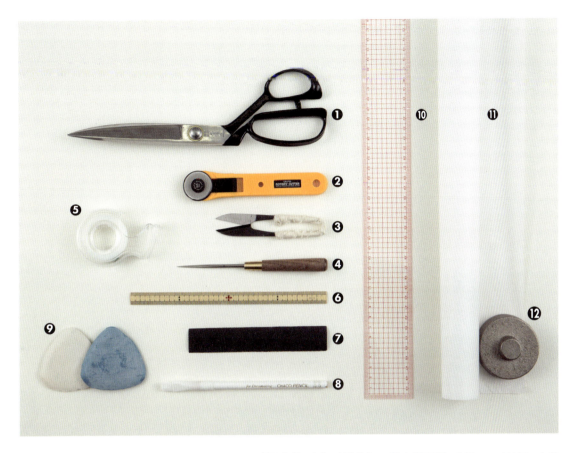

❶ **裁ちばさみ**：布を裁つときに使用。紙を切ると刃が傷むので、紙用は別に用意する。

❷ **ロータリーカッター**：布を裁つとき、型紙をカットするときに使用。本書では小回りの利く28㎜を使用。

❸ **にぎりばさみ**：糸切り、布に切り込みを入れるときなどに使用。先端まで切れ味のいいものを選ぶ。

❹ **目打ち**：型紙の印つけ、ミシンでの布送り、角を出すときなどに使用。

❺ **メンディングテープ**：上からも線が描けるので、製図作業のとき、紙を貼り合わせるのに用いる。

❻ **竹定規**：熱に強いので、裾上げなどで幅を測りながらアイロンがけをするときに使用する。

❼ **紙やすり**：布の縫いずれを防ぐために生地と押さえ金の間に挟んで使用。

❽ **チャコペンシル**：印つけに使用。布の色に合わせて何色か用意しておくとよい。

❾ **チョーク**：❽同様に印つけに使用。こちらも数色用意するとよい。

❿ **方眼定規**：方眼のマス目が入った定規。平行線が引けるので、縫い代つけに便利。

⓫ **パターン用紙**：ハトロン紙など、重ねたときに下の線が透けて見えるロール紙を使用。

⓬ **ウエイト**：型紙が動かないように固定するために使用。ない場合はペーパーウエイトでもよい。

⓭ **片押さえ**：ファスナーを縫うときにつけ替えて使用するミシンの押さえ金。ファスナー片側を押さえて縫うので、務歯との段差を気にせずきれいにファスナーをつけることができる。

⓮ **コンシール押さえ**：コンシールファスナーを縫うとき専用のミシンの押さえ金。押さえ金の溝にファスナーの務歯をはめ、務歯を起こしながら縫うことができる。

素材について

生地のこと

生地自体の縫いやすさだけではなく、生地の厚さや織りの密度、裁断のしやすさ、アイロンのかけやすさなども生地を選ぶときのポイントです。デザインに合った生地を選ぶことで、作りやすさは格段に変わります。

シンプルなアイテムを作るときに、生地もベーシックなものを選んでしまうと、さみしくもの足りない仕上がりになってしまうこともあるので、例えば同じ綿（コットン）素材でも光沢があったり、織り柄が入っているなど、生地そのものに表情があるものを選ぶのがおすすめです。

ボトムスに適したおすすめ生地

初心者向け	中級者向け	上級者向け
綿サテン	ツイード	サテン
綿ツイル	コーデュロイ	ベルベット
タイプライタークロス	綿ローン	ジョーゼット
ヘリンボーン	シャンタン	シフォン
デニム（薄手）	デニム（中～厚手）	合成皮革

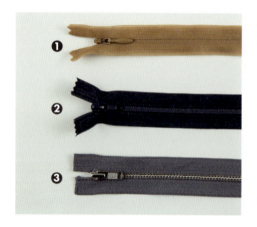

ファスナーのこと

服作りでは、主に以下の3種類のファスナーを用途やデザインに合わせて使用します。

❶**コンシールファスナー**：閉じると務歯が見えなくなるため、ファスナーを目立たせたくないときに使用する。必要な寸法より長いものを用意し、長すぎる場合はカットして使用する。

❷**フラットニットファスナー**：務歯が樹脂で作られているファスナー。色数も豊富。コンシールファスナーと同様に、長い場合はカットして使用する。一般的にパンツのあきに使用されている。

❸**金属ファスナー**：務歯が金属で作られているファスナー。ジーンズなどのあきに使用されている。必要な寸法に合った長さのものを購入する。

糸と針について

糸のこと

使用する糸は色数が多いポリエステルのミシン糸がおすすめです。生地の厚さによって糸の太さを変えて縫います。

❶**ポリエステルミシン糸90番**（薄地用）❷**ポリエステルミシン糸60番**（普通地用）❸**ポリエステルミシン糸30番**（厚地用）：一般的に使用されている糸。色数も豊富でコットンやコットンに似た風合いの生地に合わせやすい。

❹**フィラメント糸60番**（普通地用）：極細の長繊維を用いた糸。しなやかで光沢があり、縫い目に高級感が出る。ウールや光沢のある生地に合わせやすい。

針のこと

針は糸と同様に、生地の厚さや用途に合わせて、つけ替えて縫うことできれいな縫い目に仕上がります。

ミシン針	使用ミシン糸
7～9番（薄地用）織りが密な生地、織り糸が細い生地に使用	ミシン糸90～50番
11番（普通地用）	ミシン糸60～50番
14～18番（厚地・ステッチ用）	ミシン糸30～20番

※縫い目の大きさも仕上がりを左右します。本縫いの前には残布を使って必ず試し縫いをしてください。

サイズについて

本書に掲載の作品のサイズは、S・M・Lの3サイズです。サイズを選ぶ場合、自分のヌード寸法と右図の数字が近いサイズを選んでください。ゆとりは生地の種類やデザインによっても異なりますが、細身のデザインでは適度なゆとり分を加えて作ることが大切です。各作品に掲載の出来上がり寸法は、実際の服のサイズを示しています。

（単位は cm）

ヌード寸法	S	M	L
ウエスト	63	67	71
ヒップ	87	90	93

作業順序について

パターン工程のこと

1 採寸

着る人のヌード寸法を測る。ウエスト、ヒップのほか、着丈を後ろ中心で計測し、そのサイズを元にサイズを決める。

2 パターントレース

適したサイズの型紙をパターン用紙に描き写す。

3 パターン展開
→ p.28「パターン展開について」を参照

各作品の「展開図」を参照しながら、型紙を展開する。

4 パターンチェック

各パーツの寸法、合印の位置などに間違いがないか、線のつながりがよいかなどをチェックする。

5 縫い代つけ、パターンカット

各パーツに裁ち合わせ図を参照して必要な縫い代をつけ、縫い代をつけた状態でパターンをカットする。

作業工程のこと

1 地直しアイロン

生地を小さくカットして試しでアイロンをかけて、問題がなければ使用する生地に緯糸を通して、アイロンをかけ、地直しをする。アイロンは裏からかける。ウールが混ざった生地はスチームを多めにあててかける。

2 裁断・印つけ

各作品の「裁ち合わせ図」を参照しながら型紙を生地に配置する。型紙に合わせて生地を裁断し、合印箇所にはノッチを入れ、ダーツやポケット位置には糸印かチャコペンシルで印をつける。

3 芯貼り

各作品の「裁ち合わせ図」を参照しながら、各パーツの必要部分の裏面にアイロンで接着芯と伸び止めテープを貼る。

4 ロックミシン・準備アイロン

縫い代を割って始末する箇所や二つ折りで始末する裾などにロックミシン（またはジグザクミシン）をかけておく。裾は出来上がりに折って、アイロンで折り目をつけておく。

パターン展開について

※ 1・2 は 02 straight - variation A を、3 は 04 straight - variation B を例に解説。実際は各作品の「パターン展開の順序」を参照し、パターン展開すること。

1 ウエストラインの下げ方

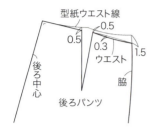

1 後ろパンツはダーツ部分で 0.5cm、脇で 1.5cm、前パンツは前中心で 2cm、脇で 1.5cm 下げた位置を直線で結ぶ。

2 線の中央で指定寸法（後ろ 0.3cm、前 0.4cm）下げ、後ろ中心、前中心に対して直角になるよう緩やかなカーブでウエスト線を描く。

3 後ろパンツと前パンツの脇を突き合わせて線のつながりを確認する。

2 カーブベルトのたたみ方

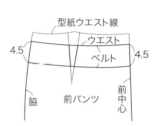

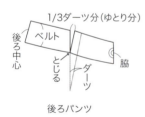
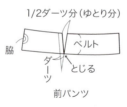
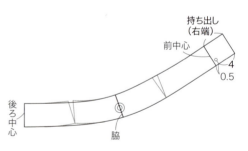

1 ウエスト線と平行にベルト幅で線を描く。

2 後ろ中心側のベルトとダーツを写す。

3 ウエスト側はゆとり分を残し、下側はダーツを閉じて脇側のベルトを写す。脇で突き合わせて、前ベルトも同様に写す。

4 線をなだらかに描き直し、右前端は前中心から持ち出し分を製図する。

3 ポケットの製図

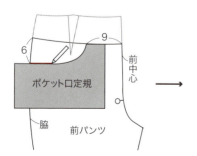
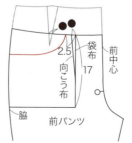

1 ウエスト側と脇側の指定寸法位置に「ポケット口定規」をあててポケット口のカーブを描く。

2 袋布の線を描き、向こう布はダーツ分（●）を中心側でカットする。

straight - basic p.6

使用型紙 …とじ込み付録表面
前パンツ／後ろパンツ／向こう布／
袋布／見返し／持ち出し／片玉縁ポ
ケット向こう布／袋布／玉縁布／ベ
ルト布

◀出来上がり寸法▶

- Ⓢ ウエスト 66cm / ヒップ 90.5cm / 脇丈 95cm
- Ⓜ ウエスト 70cm / ヒップ 94cm / 脇丈 95cm
- Ⓛ ウエスト 74cm / ヒップ 97.5cm / 脇丈 95cm

脇丈はベルト布分 3cmを含む

◀材料と用尺▶

表布（ウール）…150cm幅 150cm
スレキ…60×60cm
接着芯…30×90cm
伸び止めテープ…1.5cm幅 80cm
両面接着テープ…1cm幅 50cm
フラットニットファスナー…長さ20cm 1本
ボタン…直径1.8cm 1個

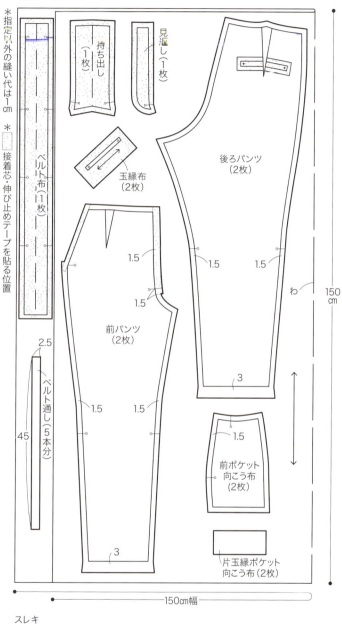

裁ち合わせ図

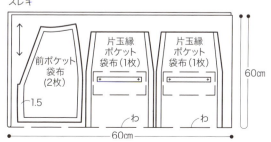

裁断

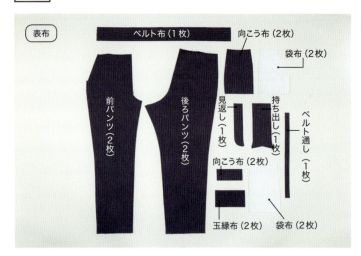

1 裁ち合せ図を参照して型紙を配置し、裁断する。

印つけ

1 ノッチを入れる

1 すべての合印箇所に、型紙も一緒に布端に深さ0.3～0.4cmの切り込みを入れて印をつける。

2 糸印をつける

1 後ろパンツ、玉縁布のポケット口位置、ダーツは型紙の＋位置に糸印をつける。しつけ糸2本取りで玉結びをせず、型紙の上から垂直に針を刺す。

2 表の糸が抜けないように加減して、2枚重なっている布の裏側まで通して針を出す。

3 型紙を外して2枚の布の間を開き、糸の中央を切る。

4 生地の下側、上側の順で糸端を切る。

3 目打ちで印をつける

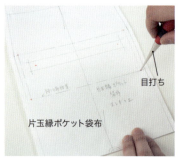

1 袋布など目立たない箇所の印つけは、目打ちを刺して穴をあけて印をつける。

下準備

1 接着芯、伸び止めテープを貼る

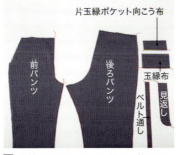

1 ベルト布、持ち出し、見返し、玉縁布に接着芯を貼り、前ポケット口、ファスナーあき位置に伸び止めテープを貼る。

2 ロックミシンをかける

1 右前パンツの股ぐりと股下、後ろパンツの股下と脇、片玉縁ポケット向こう布の下側、玉縁布の下端、見返しの周囲、ベルト通しの両端にロックミシンをかける。

2 左前パンツの股ぐりは縫い代を0.5cmカットしてからロックミシンをかける。

3 アイロンをかける

1 前、後ろパンツの裾を仕上がりに折る。持ち出しを外表に二つ折りにする。

縫製

1 ダーツを縫う

1 ダーツ分を中表に合わせて折り、ウエストのノッチと糸印の1.5cm下の布端に紙やすりの端を合わせてミシンで縫う。

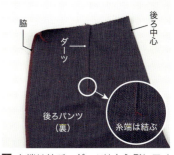

2 糸端は結び、ダーツは中心側にアイロンで倒す。前側も同様にして縫う。

2 片玉縁ポケットを作る

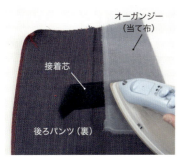

3 後ろパンツ、片玉縁ポケット位置に14×3cmにカットした接着芯を貼る。

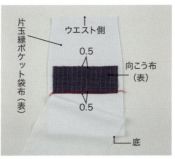

1 片玉縁ポケット袋布の表面に向こう布を重ね、上下の端を縫う。

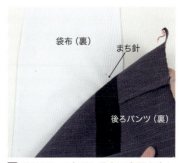

2 後ろパンツ裏面と袋布の裏面を合わせるように重ね、ポケット位置の合印(糸印と目打ちの印)をまち針でとめる。

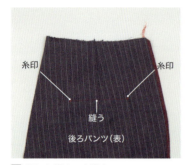

3 印から印までを縫う。

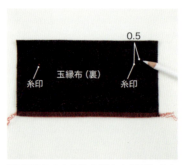

4 玉縁布の糸印から指定の位置に印をつける。

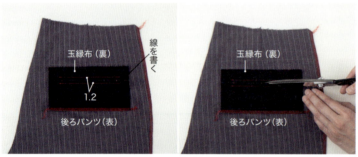

5 後ろパンツに玉縁布を重ね、印の位置を縫い、縫い目から1.2㎝(玉縁幅)下をもう1本縫う。印の位置に線を描き、玉縁布のみ、端から端まで切る。

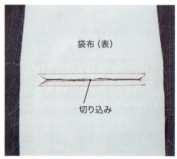

6 裏側に返して、後ろパンツと袋布は矢羽に切り込みを入れる。

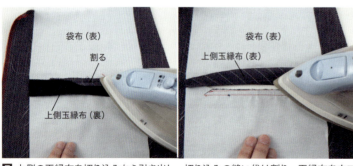

7 上側の玉縁布を切り込みから引き出し、切り込みの縫い代は割り、玉縁布をウエスト側に縫い目から折る。

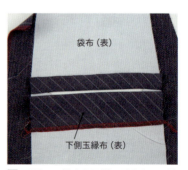

8 下側の玉縁布も同様に引き出し、縫い代を割り、玉縁幅を1.2㎝に折って整える。

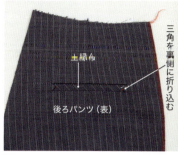
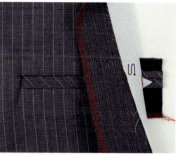

9 玉縁布両端の三角部分を裏側に折り込み、表布をめくり、玉縁布は両端を縫う。

10 玉縁布の下側にステッチをかける。

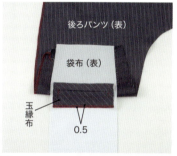
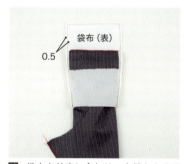
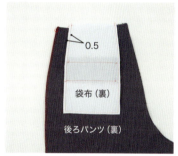

11 パンツをよけて、玉縁布の端を袋布に縫い留める。

12 袋布を外表に合わせて布端から0.5cmの位置を縫う。縫い代をアイロンで縫い目から折り、裏に返す。

13 布端から0.5cm入った位置を縫う。

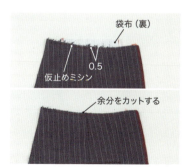
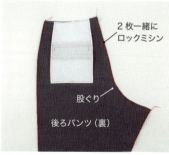

14 ウエストに袋布を仮留めし、袋布の余分をカットする。

3 後ろ股ぐりを縫う

1 後ろパンツを中表に合わせ、股ぐりを縫う。縫い代は2枚一緒にロックミシンをかけ、左パンツ側に倒す。

4 前ポケットを作る

1 前パンツのポケット口に袋布を中表に合わせ、ポケット口を縫う。ポケット口の角に切り込みを入れる。

33

2 袋布を前パンツの裏面に返してポケット口をアイロンで整える。

3 前パンツの表面からポケット口にステッチをかける。

4 袋布と向こう布を外表に合わせ、布端から0.5cmの位置を縫う。アイロンで縫い代を折り、裏に返す。

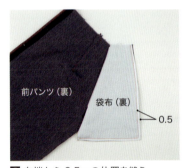
5 布端から0.5cmの位置を縫う。

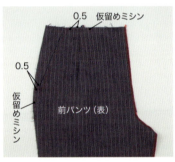
6 袋布、向こう布のウエスト、脇を縫い代にミシンで仮留めする。

7 前パンツの脇にウエストから裾までロックミシンをかける。

5 前パンツの股ぐりを縫う

1 前パンツを中表に合わせ、股ぐりをファスナーあき止まりから股下まで縫う。

2 縫い代は割る。

6 ファスナーをつける

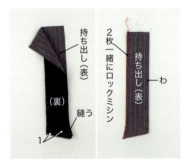
1 持ち出しを中表に合わせて折り、下端を縫う。表に返して外表に二つ折りにし、前中心側を2枚一緒にロックミシンをかける。

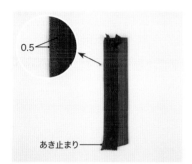

２ 持ち出しにファスナーを重ねて縫い留める。

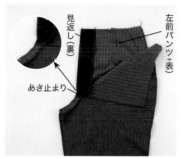

３ 左前パンツの前中心に見返しを中表に合わせて縫う。あき止まり以下は左前パンツの縫い代部分だけに縫いつける。

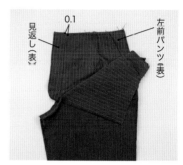

４ 見返しを表面に返し、縫い代と見返しだけを重ねて縫い目のきわにステッチをかける。

５ 見返しをパンツの裏面に返してアイロンで整え、右前パンツの前端は縫い代を1cm折る。

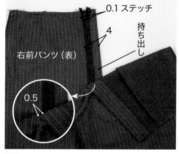

６ 右前パンツを持ち出しの見え幅が4cmになる位置に重ねて縫う。あき止まりは0.5cm重なる。

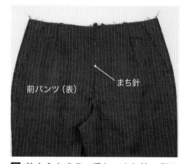

７ 前中心を0.5cm重ねてまち針で留める。

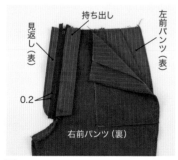

８ 右前パンツを上にして中表に重ね、持ち出しをよけて、ファスナーテープと見返しを縫い合わせる。

９ 持ち出しをよけ（①）、あき止まりに返し縫いをせず、飾りステッチをかける（②）。ステッチの形に型紙を作りパンツに重ねてミシンをかける。

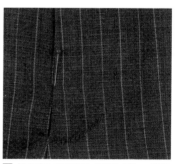

10 持ち出しを見返しの裏に戻し、飾りステッチに重ね、あき止まりとカーブの手前に止ミシンを2～3回重ねてかける。まち針を抜く。

7 脇、股下を縫う

1 前パンツ、後ろパンツを中表に合わせて脇と股下を縫う。縫い代は、脇のウエストからポケット向こう布部分は後ろパンツ側に片倒し、股下と脇の裾まではアイロンで割る。

2 ポケット部分に表からステッチをかける。

8 ベルト通しを作る

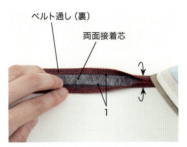

1 ベルト通し布の裏面中央に1㎝幅の両面接着芯を重ね、両端の布を突き合わせるようにアイロンで折る。

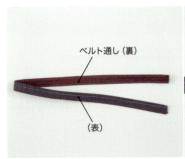
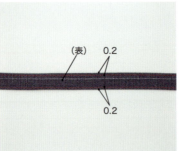

2 折り山のきわにステッチをかける。

3 長さ9㎝を5本カットする。

9 ベルト布、ベルト通しをつける

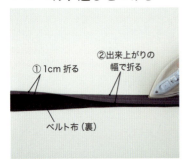
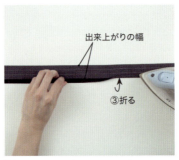

1 表側のベルト布の端を1㎝折り(①)、出来上がりの幅で外表に折る(②)。

2 もう一方の端をベルトの上にかぶせるように折る(③)。

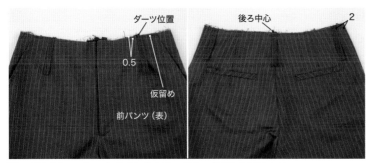
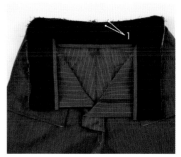

3 ベルト通しをパンツに中表に合わせて指定の位置に仮留めする。

4 パンツのウエストにベルト布を中表に合わせて縫う。

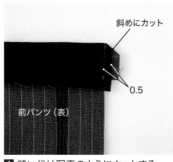

5 先端は幅を中表に折り、縫い合わせる。

6 縫い代は写真のようにカットする。

7 ベルト布を表に返して折り山（上端）以外の3辺にステッチをかけ、ベルト通しをパンツに縫い留める。

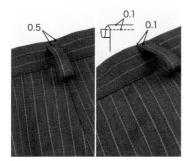

10 裾の始末をする

11 ボタンホールをあけ、ボタンをつける

8 ベルト通しを折り上げて縫い留め、さらに縫い目から折り、折り山にステッチをかける。

1 裾の布端にロックミシンをかけ、縫い代を整え、ステッチをかける。

1 ボタンホールをあけ、ボタンをつける。

02 straight-variation A p.7

使用型紙 …とじ込み付録表面
前パンツ／後ろパンツ／片玉縁ポケット袋布／片玉縁ポケット向こう布／玉縁布

◀出来上がり寸法▶

- **S** ウエスト 73cm／ヒップ 93.5cm／脇丈 90.5cm
- **M** ウエスト 77cm／ヒップ 97cm／脇丈 90.5cm
- **L** ウエスト 81cm／ヒップ 100.5cm／脇丈 90.5cm

脇丈はベルト布分 4.5cmを含む

◀パターン展開の順序▶

1 前後パンツのウエストラインを指定寸法で下げて描き直し、ベルト幅を平行に製図する。

2 前パンツを展開線でタック分2cmをウエストで切り開き、ダーツ分を加えてタックを製図する。

3 前パンツのポケット口、向こう布、袋布、見返し、持ち出しの線を製図する。

4 ベルト布はウエスト側でゆとり分ダーツを残し、下側は突き合わせて写し、右端に持ち出しを製図する。

5 裾、股ぐりの裏地の線を描く。

6 裏地パターンを別紙に写し、後ろ裏パンツはダーツをタックにし、左裏前パンツは見返し分をカットして写す。

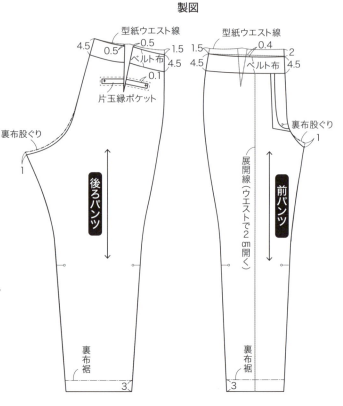

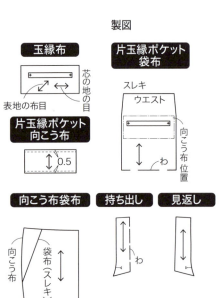

◀材料と用尺▶

- 表布（ウール）…154㎝幅 180㎝
- 裏布…122㎝幅 190㎝
- スレキ…60×60㎝
- 接着芯…50×100㎝
- 伸び止めテープ…1.5㎝幅 80㎝
- 両面接着テープ…1㎝幅 50㎝
- 金属ファスナー…長さ 18.5㎝ 1本
- ボタン…直径 1.8㎝ 1個

裁ち合わせ図

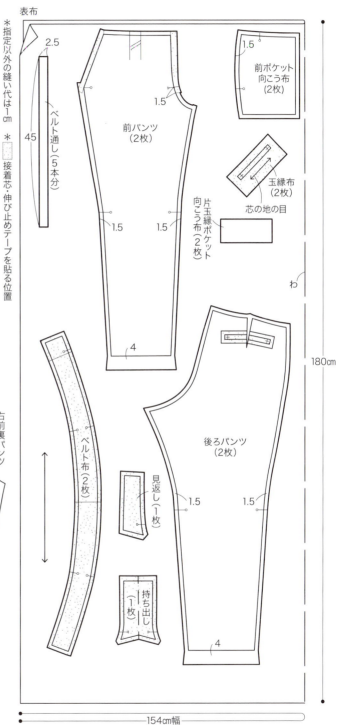

展開図

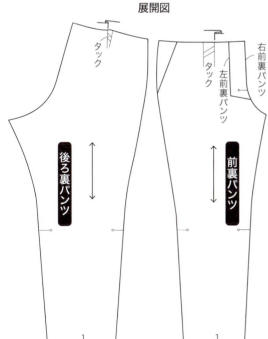

02 straight-variation A p.7

裁ち合わせ図

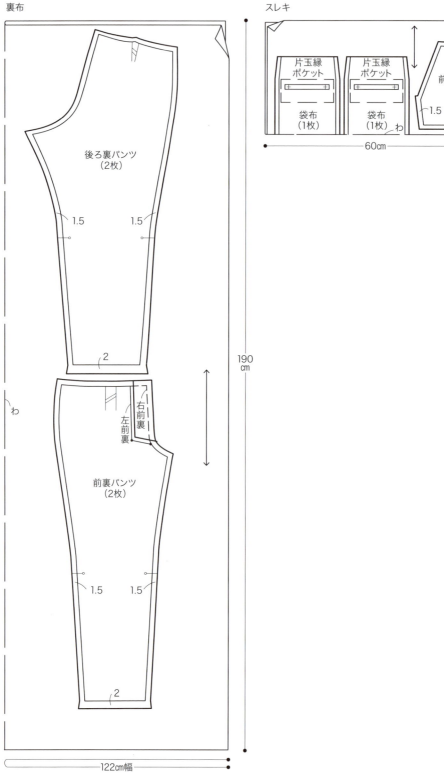

裁断

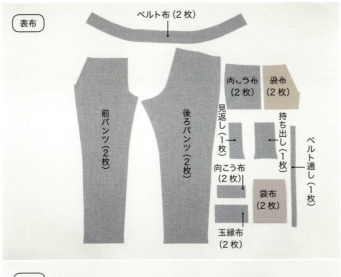

1 裁ち合せ図を参照して型紙を配置し、裁断する。

印つけ

1 ノッチを入れる

2 糸印をつける

→ p.30 の「1 ノッチを入れる」の**1**、「2 糸印をつける」の**1**〜**4** を参照して、左前裏パンツ以外に印をつける。

3 目打ちで印をつける

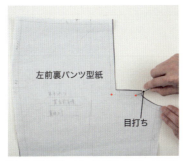

1 左前裏パンツに目打ちを刺して印をつける。p.30「3 目打ちで印をつける」の**1**を参照して、袋布に印をつける。

下準備

1 接着芯、伸び止めテープを貼る

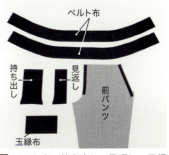

1 ベルト布、持ち出し、見返し、玉縁布に接着芯を前ポケット口、ファスナーあき位置に伸び止めテープを貼る。

41

2 ロックミシンをかける

3 アイロンをかける

→ p.31「3 アイロンをかける」の**1**を参照して、裾と持ち出しにアイロンをかける。前、後ろ裏パンツの裾は1cm幅の三つ折りにする。

2 ベルト布の両端は重ねて芯を貼る(増し芯)。

1 右前パンツの股ぐりと股下、後ろパンツの股ぐりと股下と脇、片玉縁ポケット向こう布の下側、玉縁布の下端、ベルト通しの両端にロックミシンをかける。p.31「2 ロックミシンをかける」の**2**を参照して、左前パンツの股ぐりは縫い代を0.5cmカットしてからロックミシンをかける。

縫製

1 ダーツを縫う

→ p.31「1 ダーツを縫う」の**1**〜**3**を参照して、後ろパンツのダーツを縫う。

2 片玉縁ポケットを作る

→ p.31「2 片玉縁ポケットを作る」の**1**〜**11**を参照して、片玉縁ポケットを作る。

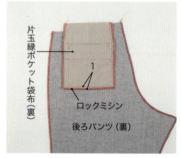

12 袋布の周囲は袋縫いをせず、中表に合わせて縫い、周囲をロックミシンで始末する。

3 後ろ股ぐりを縫う

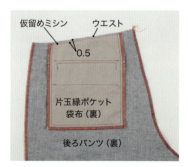

13 ウエストに袋布を仮留めし、袋布の余分をカットする。

1 後ろパンツを中表に合わせて股ぐりを縫う。縫い代は割る。

2 後ろ裏パンツを中表に重ねて股ぐりを縫う。縫い代は2枚一緒にロックミシンをかけ、左パンツ側に倒す。

4 前ポケットを作る

→ p.33「4 前ポケットを作る」の **1**〜**3** を参照して、前ポケットを作る。

4 袋布の周囲は中表に合わせて縫い、周囲をロックミシンで始末する。

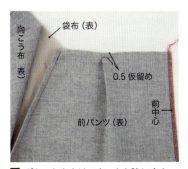

5 ポケットをよけてタックを脇に向かってたたみ、上端を仮留めする。

6 ポケットを整え、袋布と向こう布をパンツにミシンで仮留めする。

7 前パンツの脇にロックミシンをかける。

5 前パンツの股ぐりを縫う

→ p.34 の「5 前パンツの股ぐりを縫う」の **1**, **2** を参照して、前パンツの股ぐりを縫う。

6 ファスナーをつける

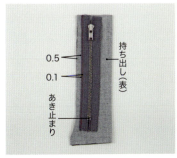

1 持ち出しの前中心側にファスナーを重ね、テープの端を縫う。

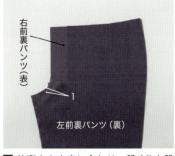

2 前裏布を中表に合わせ、股ぐりを股下から左前裏パンツの目打ちの印まで縫う。

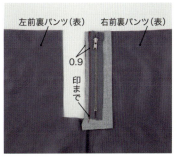

3 右前裏布の前中心の表面に持ち出しを重ね、印まで縫う。

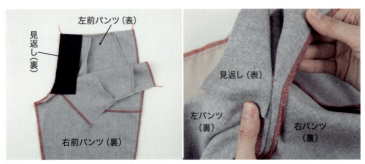

4 見返しと左前パンツを中表に合わせて前中心を縫う。あき止まりから下は右パンツ側の縫い代を縫い込まないように股ぐりの縫い目から0.2cm布端側を縫う。

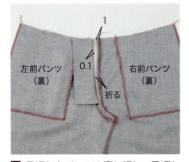

5 見返しをパンツの裏に返し、見返しと縫い代のみを縫い留める（裏コバステッチ）。右パンツの前中心の縫い代を1cm裏側に折る。

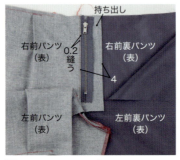

6 右前パンツをp.35「6 ファスナーをつける」の6を参照して、持ち出しの見え幅が4cmになる位置に重ねて縫う。

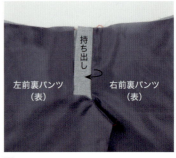

7 持ち出しを左前パンツ側に倒し、前中心の縫い代を右裏側に倒してアイロンで整える。

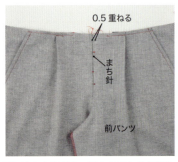

8 前中心を0.5cm重ねてまち針で留める。

9 表布を中表に合わせて右手側に置き、持ち出しをよけて見返しにファスナーテープを縫い留める。

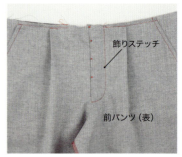

10 持ち出し、裏布をよけて、飾りステッチをかけ、まち針を外す。

11 持ち出しをよけて左前裏パンツの前端と見返しの端を縫う（①）。L字の角に切り込みを入れる（②）。

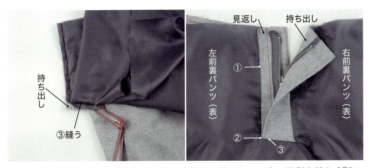

12 持ち出しを戻し、見返し、持ち出し、裏地を一緒にしてL字の下側を縫う（③）。

7 脇、股下を縫う

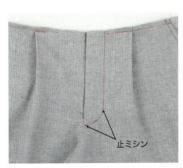

13 飾りステッチに重ね、あき止まりとカーブの手前に止ミシンを2～3回重ねてかける。

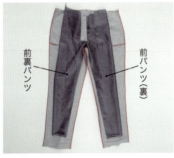

1 前裏布をよけて表パンツを中表に合わせて脇、股下を縫う。

2 縫い代は割るが、前ポケット部分は縫い代を後ろ側に倒し、後ろ脇にステッチをかける。

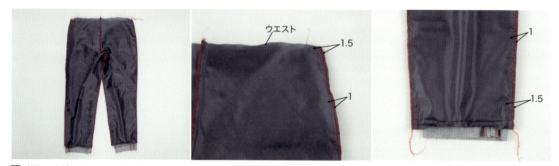

3 裏布を中表に合わせて脇、股下を 0.5cm きせをかけて縫う。ウエスト、裾はきせをかけずに出来上がり線を縫う。縫い代は 2 枚一緒にロックミシンをかける。

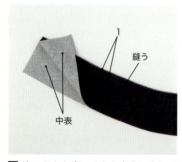

8 ベルト通しを作る

→ p.36「8 ベルト通しを作る」の 1～3 を参照して、ベルト通しを作る。

4 アイロンで縫い代を後ろパンツ側に倒し、裾の縫い代をカットする。

9 ベルト布、ベルト通しをつける

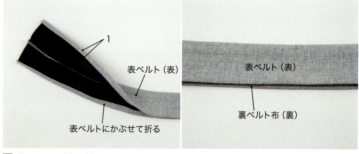

1 表ベルトと裏ベルトを中表に合わせて上側を縫い、縫い代はアイロンで割って表に返す。

2 表ベルトの端の縫い代を1cm裏側に折ってアイロンをかけ、裏ベルトの端の縫い代は表ベルトにかぶせて折り、アイロンをかける。

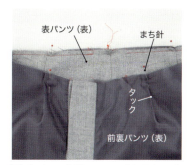
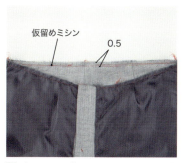

3 表パンツを裏パンツの中に入れ、裏パンツのタックを脇に向かってたたんでまち針で留める。

4 表パンツと裏パンツのウエストを重ねてぐるりと仮留めする。

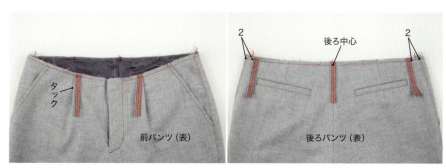

5 写真の位置にベルト通しを仮留めする。

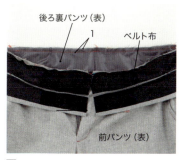
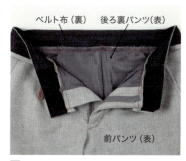

6 パンツのウエストに表ベルト布を中表に合わせて縫う。

7 ベルトの両端は中表に合わせて縫い、p.37「9 ベルト布、ベルト通しをつける」の6を参照して縫い代をカットする。

8 ベルト布を表に返して周囲にステッチをかけ、p.37の「9 ベルト布、ベルト通しをつける」の7、8を参照してベルト通しを仕上げる。

10 裾の始末をする

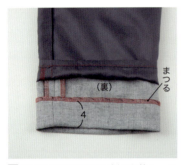

1 裏パンツの裾の三つ折りを整え、ステッチをかけ、表パンツの裾を整えてまつる。

2 糸ループを作る。つける位置の裏布側から針を出し、1針返して糸輪を作る。糸輪の中に指をかけて鎖を編む。必要な長さを編んだら針先を糸輪に通して留め、表布側に縫い留める。

11 ボタンホールをあけ、ボタンをつける

→ p.37「11 ボタンホールをあけ、ボタンをつける」の**1**を参照して、ボタンをつける。

3 股ぐり下、裾の脇側、内側に3〜4cmの糸ループをつけ、表布と裏布を留める。

09,10 wide tuck-basic p.16 p.17

※ 09,10は同型素材違い。

使用型紙 …とじ込み付録裏面
前パンツ／後ろパンツ／向こう布／袋布／ベルト布

◀出来上がり寸法▶

- Ⓢ ウエスト 81㎝ (69) / ヒップ 118㎝ / 脇丈 78㎝
- Ⓜ ウエスト 85㎝ (73) / ヒップ 122㎝ / 脇丈 78㎝
- Ⓛ ウエスト 89㎝ (77) / ヒップ 125㎝ / 脇丈 78㎝

脇丈はベルト布分 3.5㎝を含む
※（ ）はゴムベルトを通した寸法

◀材料と用尺▶

表布 (p.16 水玉ジャガード、p.17 綿サテンプリント)…110㎝幅 170㎝
接着芯…15×100㎝
伸び止めテープ…1.5㎝幅 80㎝
スレキ…40×30㎝

コンシールファスナー…長さ 22㎝ 1本
ゴムベルト…3㎝幅
　S ＝ 26㎝、M ＝ 28㎝、L ＝ 30㎝
ダブル前カン … 1組

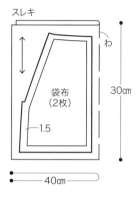

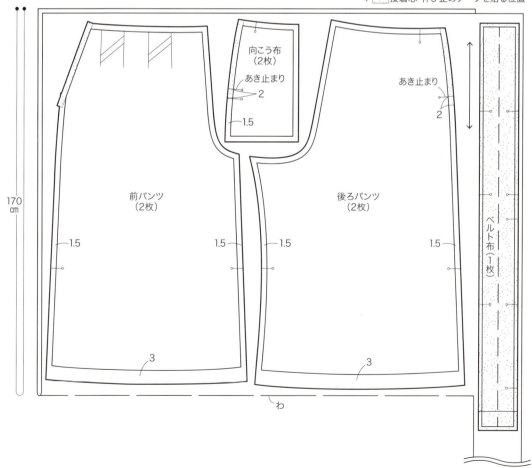

裁ち合わせ図

＊指定以外の縫い代は1㎝
＊▨接着芯・伸び止めテープを貼る位置

49

裁断

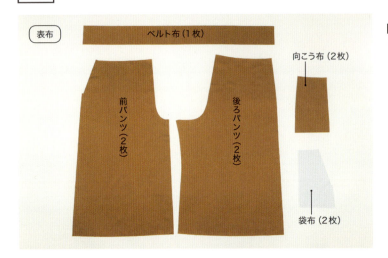

1 裁ち合わせ図を参照して型紙を配置し、裁断する。

印つけ

1 ノッチを入れる

→ p.30「1 ノッチを入れる」の1を参照して、合印箇所にノッチを入れる。

下準備

1 接着芯、伸び止めテープを貼る

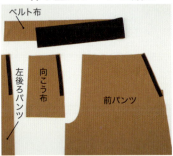

1 ベルト布に接着芯、前パンツポケット口、後ろパンツ左脇ファスナー部分、向こう布左脇ファスナー部分に伸び止めテープを貼る。

2 ロックミシンをかける

2 前パンツの股下、後ろパンツの脇と股下にロックミシンをかける。

3 アイロンをかける

→ p31「3 アイロンをかける」の1を参照して、前、後ろパンツの裾を仕上がりに折り、アイロンをかける。

縫製

1 タックをたたむ

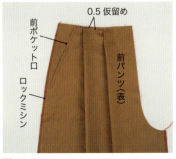

1 前パンツのタックを脇に向かってたたみ、ウエストを仮留めする。

2 前ポケットを作る

1 p33「4 前ポケットを作る」の1～7を参照して、前ポケットを作り、脇にロックミシンをかける。

3 脇を縫う

1 前パンツと後ろパンツを中表に合わせ、左脇は縫い止まりから裾まで、右脇はウエストから裾まで縫う。

4 ファスナーをつける

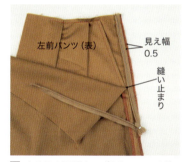

1 止め具を下端までずらしてスライダーを下ろし、ミシンの押さえ金を片押さえに変え、前パンツの脇にファスナーを中表に合わせて縫う。
※務歯は起こさず務歯のきわを縫う。

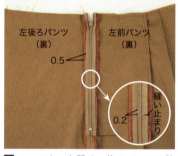

2 ファスナーを閉め、後ろパンツの脇にファスナーを中表に合わせて、片押さえで縫う。縫い止まりより0.2cm手前で止める。
※務歯は起こさず務歯のきわを縫う。

3 ファスナーのスライダーをファスナーと脇の縫い目の間から下に引き下げる。

4 ミシンの押さえ金をコンシール押さえに変え、ファスナーの務歯を起こして押さえ金の溝にはさんで縫う。反対側も同様に縫う。

5 スライダーを上げ、ファスナーテープの端を脇縫い代だけに縫い留める。

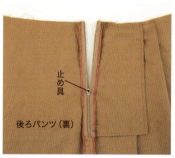

6 止め具をいったん上げた後、スライダーで止まり位置まで止め具を下げる。

5 股下を縫う

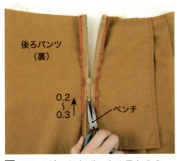

7 スライダーを上げ、止め具を0.2〜0.3cm上側に上げて、ペンチで固定する。

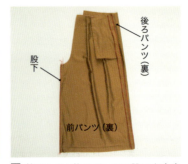

1 前パンツと後ろパンツの股下を中表に合わせて縫う。縫い代はアイロンで割る。

6 股ぐりを縫う

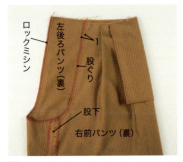

1 右のパンツの中に左パンツを入れ、股ぐりを中表に合わせて縫う。縫い代は2枚一緒にロックミシンをかける。

2 縫い代はアイロンで左パンツ側に倒す。

7 ベルト布をつける

1 p.36「9 ベルト布、ベルト通しをつける」の**1**、**2**を参照して、ベルト布を折る。

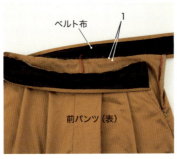

2 パンツのウエストにベルト布を中表に合わせて縫う。

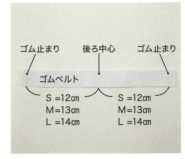

3 指定寸法にゴムテープをカットし、後ろ中心に合印を入れる。

4 後ろパンツのゴム止まり位置にゴムテープを重ね、後ろ中心をまち針で留め、ゴムテープを引きながらウエスト縫い代に縫いつける。

5 ウエストベルトを縫い目から返し、ベルト布にゴムテープの端を縫い留める。

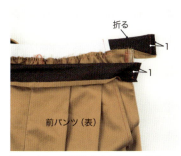

6 ベルトの両端を中表に折って縫う。

7 ベルト布を表に返して表からウエストの縫い目に落としミシンをかける。

8 5のゴム止めのミシンに重なるように、表ベルト側からステッチをかける。

8 裾の始末をする

9 前カンを縫いつける

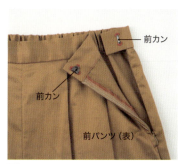

1 裾の縫い代を整え、ステッチをかける。

1 左脇に前カンを縫いつける。

straight-variation D p.12 ※全体の作り方は p.72

下準備

2 ロックミシンをかける

1 ロックミシンの糸端は縫製の途中で裾やベルト布などの中に入れて始末するが、内側に入らない端はロックミシンの裏側に引き入れて始末する。

作り方

5 ファスナーをつける～ 7 ウエストを縫う

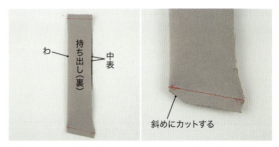

1 持ち出しを中表に折り、ウエスト側、下側を縫い、縫い代の角をカットする。

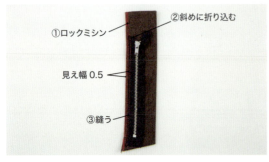

2 持ち出しを表に返して、前中心側をロックミシンで始末する（①）。前中心から0.5cmの位置にファスナーを重ねて上端を斜めに折り込んで（②）、ファスナーのテープ端を縫う（③）。

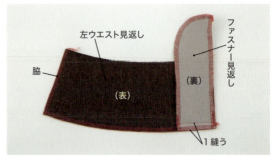

3 左ウエスト見返しとファスナー見返しを中表に合わせて写真の位置を縫う。

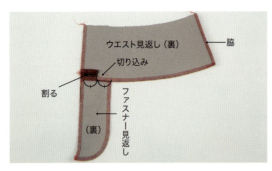

4 縫い代に切り込みを入れて途中まで割る。

5 左前パンツと見返しを中表に合わせて、前中心をあき止まりまで縫い、あき止まり以下は前パンツをよけて左前パンツの縫い代のみに見返しを縫い留める。右前パンツ前中心の縫い代を1cm裏側に折る。

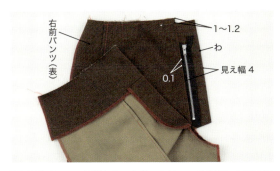

6 右前パンツの上端を1〜1.2cmあけて、持ち出しの見え幅が4cmになる位置に右前パンツを重ねて縫う。

7 前中心を0.5cm重ねてまち針で留める。

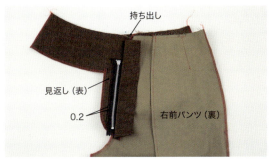

8 右前パンツを上にして中表に重ね、持ち出しをよけてファスナーテープと見返しを縫い合わせる。

9 一度、前中心のまち針を外し、ウエスト見返しの脇を縫い合わせる。縫い代は割り、ウエスト側を斜めにカットする。

10 p.36「7 脇、股下を縫う」を参照して脇を縫う。パンツのウエストとウエスト見返しを中表に合わせ、左前中心の縫い代を見返し側に折ってウエストを縫う。

11 ウエスト見返しをパンツの裏に返し、右ウエスト見返し端を裏側に1cm折る。

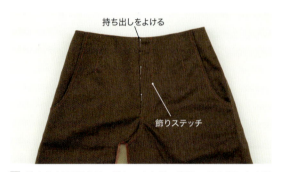

12 前中心を再度 0.5cm重ねてまち針で留め、持ち出しをよけて飾りステッチをかける。

13 持ち出しを戻し、あき止まり、飾りステッチ位置に重ねて2～3回留めミシンを重ねてかける。前股ぐりは縫い代を左パンツ側に倒し、ステッチをかける。

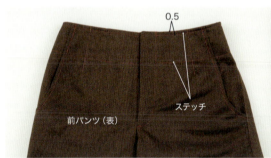

14 ウエストにステッチをかける。

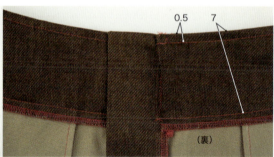

15 右ウエスト見返し前中心を持ち出し端にまつる。

12 wide tuck-variation B p.20　※全体の作り方は p.88

作り方

3 コンシールファスナーをつける

1 p.51「4 ファスナーをつける」の1～7を参照して、あきにコンシールファスナーを縫いつける。テープの端を縫い代に縫い留めずに留め具をペンチで固定する。

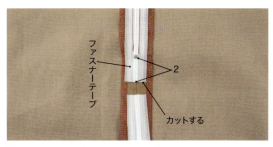

2 ファスナーの留め具から 2cm残してファスナーテープをカットする。

3 バイアス布を指定の寸法にカットし、ファスナーテープの端に中表に重ねて縫う。

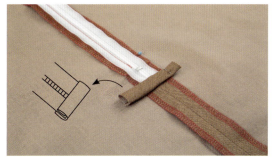

4 ファスナーテープの端をくるむようバイアス布を折り、まち針で留める。

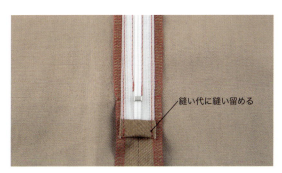

5 ファスナーテープの端を脇の縫い代にバイアス布まで続けて縫い留め、余分をカットする。

5 シームポケットを作り、脇を縫う ※見やすさを考慮して、ウエストタックはたたまずに説明しています。

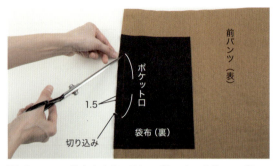

1 前パンツに袋布を中表に重ね、ポケット口を縫い、ポケット口に切り込みを入れる。

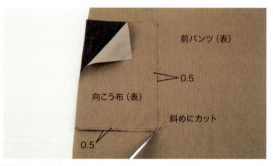

2 向こう布を写真のように重ねて2辺を布端から0.5cmの位置を縫い、縫い代の角をカットする。

3 縫い代を向こう布側に折る。

4 前パンツを裏に返してポケット口の縫い代をアイロンで割る。

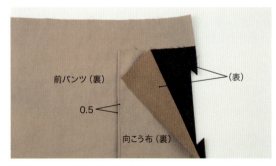

5 向こう布と袋布を中表に合わせて、2辺を0.5cm縫い代で縫う(袋縫い)。

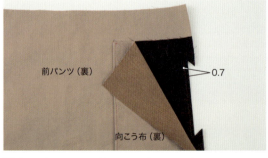

6 向こう布をよけて、前パンツの表側からポケット口にステッチをかける。

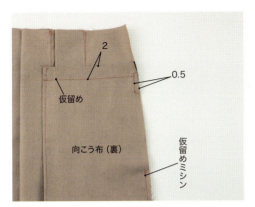

7 袋布のウエスト側、脇に粗い針目で仮留めミシンをかける。

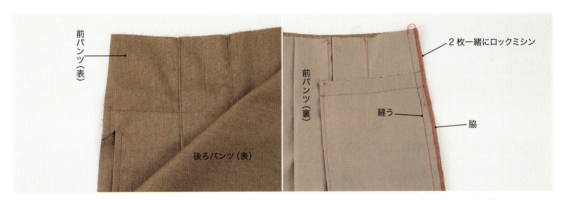

8 前パンツと後ろパンツを中表に合わせてポケット口を縫い込まないようによけて、脇を縫う。縫い代は2枚一緒にロックミシンをかけ、後ろパンツ側にアイロンで倒す。

9 ポケット口の両端に2〜3回重ねて止ミシンを、ポケット口のステッチに2〜3針重ねてL字にかける。

7 共布ループを作ってウエストに仮留めする

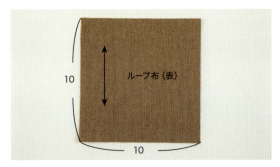

1 表布を指定の寸法にカットし、裏に接着芯を貼る。

2 対角線を引き、3cm幅の線を引いてループ布を2本カットする。

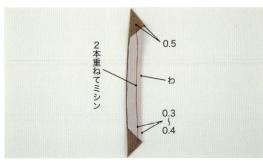

3 ループ布を中表に二つ折りし、片側を広くして細かい送り目で2本重ねてミシンをかける。

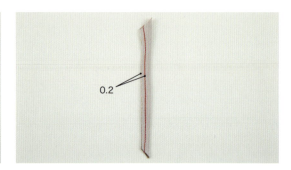

4 縫い代をカットする。

5 ループ返しを使って表に返す。

6 ループの縫い目を内側にしてウエストに仮留めする。

8 ウエストの始末をする

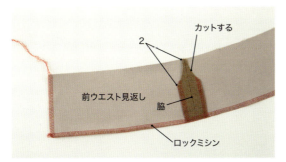

1 前ウエスト見返しと後ろウエスト見返しを中表に合わせて脇を縫い、ウエスト側の縫い代を2cm斜めにカットして割る。ウエスト以外の外周りにロックミシンをかける。

2 前後パンツの脇、後ろ中心のウエスト側の縫い代も見返しと同様に斜めにカットし、ウエスト見返しと中表に合わせてファスナー部分を縫う。

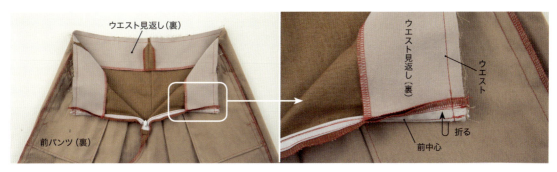

3 前中心の縫い代を見返し側に縫い目から折り、見返しとパンツを中表に合わせてウエストを縫う。

61

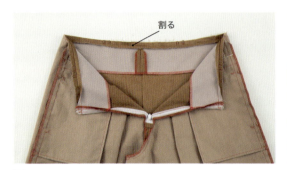

4 縫い代をアイロンで割る。

5 ウエスト縫い代の端の角をたたみ、縫い代を指で押さえながら見返しをパンツの裏側に返す。

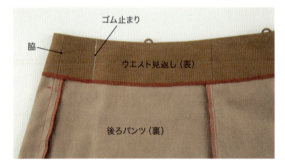

6 ウエスト見返しに、型紙を当て、ゴム止まり位置に印をつける。

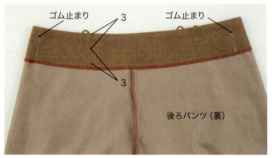

7 後ろウエストのゴム止まり位置の間にゴム通しのステッチを2本かける。

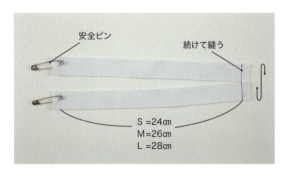

8 ゴムテープ2本を指定の寸法に切って並べ、片側を2本続けてミシンで縫い、もう一方に安全ピンをそれぞれつける。

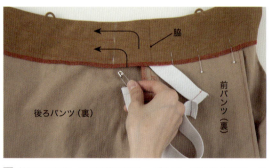

9 前側の見返しをまち針で留め、ゴムテープを2本ステッチの間に通す。

10 ゴム止まり位置を縫い留める。

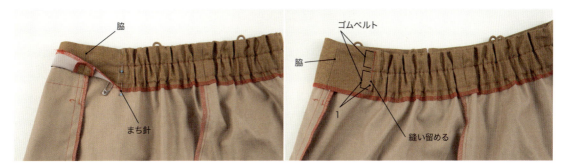

11 ゴムテープを反対側のゴム止まりから引き出してまち針で留め、安全ピンを外してゴム止まりを縫い留める。

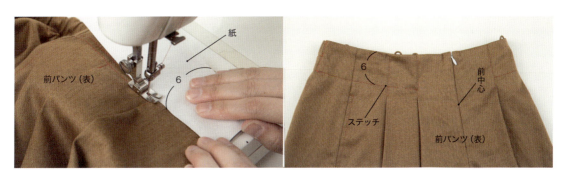

12 ゴム止まりから中心側の前タックまで、6㎝幅でステッチをかける。幅の広いステッチを均等にかけるには、ステッチ幅に切った紙を重ね、紙の端に合わせてステッチをかける。

体型によるサイズ補正について

サイズが合っていても体型の違いにより部分的に生地がつっぱったり、たるみジワが出ることがあります。そんな時は、部分的に型紙を補正することで、体型に合った服が作れます。自身の体型に合わせて、型紙を補正してみてください。

後ろ股ぐりがお尻にくい込み、つれジワが出る時

原因
- 殿部に厚みがある体型。
- 後ろパンツのねかせ分量の不足、またはわたり幅が不足している。

対処法
- 後ろパンツのねかせ分量の不足分を増やす（①）。
- わたり幅の不足分を追加する（②）。

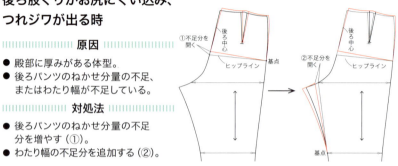

後ろパンツの股下にたるみジワが出る時

原因
- 殿部に厚みが少ない体型。
- 後ろ股ぐりをねかせ過ぎている。

対処法
- 後ろパンツのねかせ分量の余る分を減らす（①）。
- 後ろ股ぐりのカーブを深くする（②）。

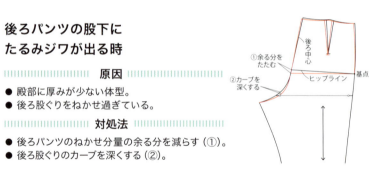

前パンツの股ぐりがくい込む時

原因
- 小股幅が不足している。

対処法
- 前パンツに小股幅の不足分を追加する（①）。
- 前股ぐりのカーブを浅くする（②）。

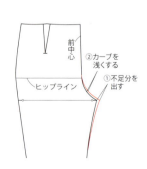

03 straight-variation A+α p.8

【使用型紙】…とじ込み付録表面
前パンツ／後ろパンツ／片玉縁ポケット袋布／片玉縁ポケット向こう布／玉縁布

【パターン展開の順序】
→パンツ本体は
p.38 の 02 straight-variation A の「パターン展開の順序」を参照。後ろリボンは図を参照に指定寸法に製図する。

【下準備と作り方順序】
→後ろリボンの作り方以外は、
p.38 02 straight-variation A を参照。

【出来上がり寸法】
Ⓢ ヒップ 93.5cm / 脇丈 90.5cm
Ⓜ ヒップ 97cm / 脇丈 90.5cm
Ⓛ ヒップ 100.5cm / 脇丈 90.5cm
脇丈はベルト布分 4.5cmを含む

【材料と用尺】
表布（ウールストライプ）…158cm幅 180cm
別布（綿ローン）…110cm幅 70cm
裏布…122cm幅 190cm
スレキ…60×60cm
接着芯…50×100cm
伸び止めテープ…1.5cm幅 80cm
両面接着テープ…1cm幅 50cm
金属ファスナー…18.5cm 1 本
ボタン…直径 1.8cm 1 個
くるみボタン…直径 1.2cm 4 個

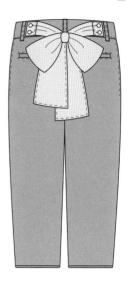

製図

端布（2枚）
6.5 × 8

後ろリボン（2枚）
30cm × 110cm

後ろリボンの作り方

①後ろリボンの周囲を1cm幅の三つ折りにしてステッチをかける
　角は額縁仕立てにする
　額縁は図の順に縫い、表に返して形を整えステッチをかける

③端布を中表に2つ折りにして布端の
　1cm手前まで両端を縫い、片側のみ1cm折る
　表に返してアイロンで整える

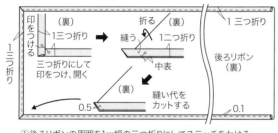

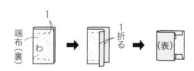

②後ろリボンの端を2cm重ねて
外表に折り、タックを3本たたみ、
仮留めミシンをかける

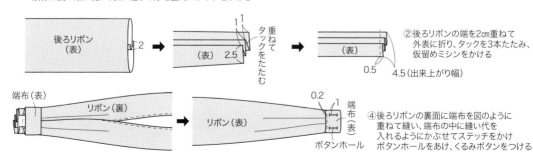

④後ろリボンの裏面に端布を図のように
　重ねて縫い、端布の中に縫い代を
　入れるようにかぶせてステッチをかけ
　ボタンホールをあけ、くるみボタンをつける

04 straight-variation B p.10

使用型紙 …とじ込み付録表面
前パンツ／後ろパンツ／後ろポケット

◀出来上がり寸法▶

- Ⓢ ヒップ 90.5cm ／ 脇丈 69cm
- Ⓜ ヒップ 94cm ／ 脇丈 69cm
- Ⓛ ヒップ 97.5cm ／ 脇丈 69cm

脇丈はベルト布分 4.5cmを含む

◀パターン展開の順序▶

① 前後パンツのウエスト線を指定寸法下げて描き直し、ベルト布を平行に製図する。

② p.28「3 ポケットの製図」を参照して、ポケット口、向こう布、袋布を製図する。

③ 前後パンツの型紙裾線から丈を短くし、脇、股下線を修正し、スリットあき止まりを描く。

④ ベルト布はウエスト側でゆとり分ダーツを残し、下側は閉じて写し右端に持ち出しを製図する。

⑤ 見返し、持ち出し、後ろポケットのパターンをそれぞれ写しとる。

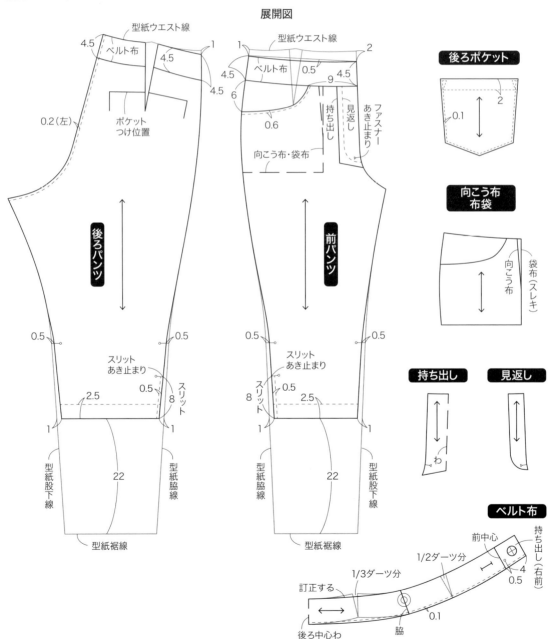

66

材料と用尺

表布（チェック）…130cm幅 150cm
スレキ…45×25cm
接着芯…50×90cm
伸び止めテープ…1.5cm幅 80cm
両面接着テープ…1cm幅 50cm
金属ファスナー…長さ13.5cm 1本
ボタン…直径1.8cm 1個

下準備

1 ベルト布（両端に増芯）、持ち出し、見返しに接着芯、前ポケット口、ファスナー開き位置に伸び止めテープを貼る。

2 前パンツの股ぐり、見返しの周囲、後ろパンツの脇、後ろポケットのポケット口以外の周囲、ベルト通し両端にロックミシンをかける。

3 アイロンで、前、後ろパンツの裾を仕上がりに折る。持ち出しを外表に二つ折りにする。

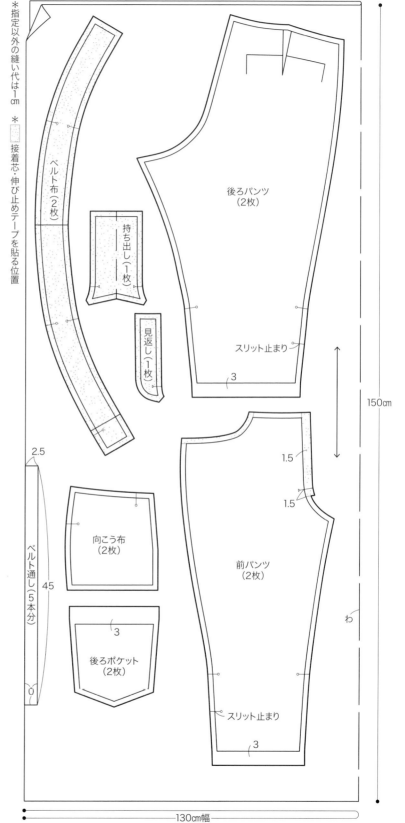

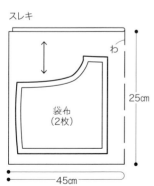

67

【作り方順序】

1 ダーツを縫う→
p.31 01 straight-basic の
「1 ダーツを縫う」を参照。

2 後ろポケットをつける→
図を参照。

3 後ろ股ぐりを縫う→
p.33 01 straight-basic の
「3 後ろ股ぐりを縫う」を参照。

4 前ポケットを作る→
p.33 01 straight-basic の
「4 前ポケットを作る」を参照。

5 前股ぐりを縫う→
p.34 01 straight-basic の
「5 前パンツの股ぐりを縫う」を参照。

6 ファスナーをつける→
p.34 01 straight-basic の
「6 ファスナーをつける」を参照。

7 股下を縫い、縫い代は2枚一緒にロックミシンをかけて始末する。

8 脇を縫う→
p.36 01 straight-basic の
「7 脇、股下を縫う」を参照して、スリットあき止まりまで縫う。

9 ベルト通しを作る→
p.36 01 straight-basic の
「8 ベルト通しを作る」を参照。

10 ベルト布、ベルト通しをつける→
p.36 01 straight-basic の
「9 ベルト布、ベルト通しをつける」を参照。

11 裾、スリットを縫う→
図を参照。

12 ボタンホールをあけ、ボタンをつける→
p.37 01 straight-basic の
「11 ボタンホールをあけ、ボタンをつける」を参照。

【作り方順序】

2 後ろポケットをつける

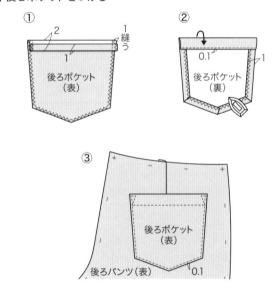

11 裾、スリットを縫う

①裾を中表にしてスリット部分を中縫いする

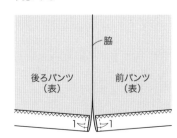

②表に返してスリット部分にステッチをかける
裾は3cm幅で二つ折り始末する

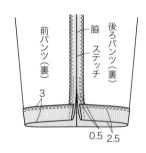

05 straight-variation C p.11

使用型紙 …とじ込み付録表面
前パンツ/後ろパンツ/後ろポケット

◀出来上がり寸法▶

- Ⓢ ヒップ 88.5㎝ / 脇丈 94.5㎝
- Ⓜ ヒップ 92㎝ / 脇丈 94.5㎝
- Ⓛ ヒップ 95.5㎝ / 脇丈 94.5㎝

脇丈はベルト布分 5㎝を含む

◀パターン展開の順序▶

1 後ろパンツの後ろ中心でヒップラインからダーツ分 2.5㎝倒し、股ぐりを 0.3㎝出して訂正する。ウエスト線は脇で 2.5㎝下げて 1㎝出した位置と後ろ中央を直線で結び、指定寸法下げて描き直す。ヒップラインまでの脇線を修正し、ベルト布を平行に製図する。

2 ヨーク切り替え線を製図し、ポケットつけ位置を描く。

3 前パンツのウエスト線を指定寸法下げて描き直し、ベルト布を平行に製図する。

4 前、後ろパンツそれぞれ裾線を延長し、脇、股下線を描き直す。

5 前パンツのポケット口をポケット口定規を使って製図し、向こう布、袋布を製図する。→ p.28「3 ポケットの製図」を参照。

6 ベルト布はウエスト側でゆとり分ダーツを残し、下側は閉じて写し、右前端には持ち出し分を製図する。

展開図

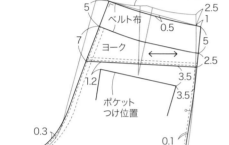
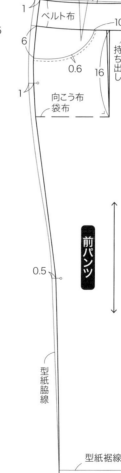
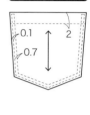

後ろポケット

向こう布 袋布

 持ち出し　 見返し

ベルト布

◖材料と用尺◗

表布（デニム）…152cm幅 150cm
スレキ…40×25cm
接着芯…60×90cm
伸び止めテープ…1.5cm幅 40cm
両面接着テープ…1cm幅 50cm
金属ファスナー…長さ12cm 1本
リベット…直径 0.9cm 4個
ネオバーボタン…直径 1.7cm 1個
ステッチ糸…シャッペスパン 30番オレンジ

◖下準備◗

1. ベルト布（両端に増芯）、持ち出し、見返しに接着芯、前ポケット口、ファスナー開き位置に伸び止めテープを貼る。

2. 前パンツの股ぐり、見返しの周囲、後ろポケットのポケット口以外の周囲、ベルト通しに両脇にロックミシンをかける。

3. アイロンで前、後ろパンツの裾を仕上がりに折る。持ち出しを外表に二つ折りにする。

裁ち合わせ図

* 指定以外の縫い代は1cm
* 接着芯・伸び止めテープを貼る位置

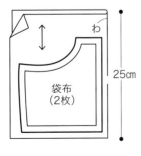

◀作り方順序▶

1 後ろポケットをつける→
p.68 04 straight-variation B の
「**2** 後ろポケットをつける」を参照。

2 後ろパンツとヨークを縫う→
図を参照。

3 後ろ股ぐりを縫い、左パンツ側に
2本ステッチ→
p.33 01 straight-basic の
「**3** 後ろ股ぐりを縫う」を参照。

4 前ポケットを作る→
p.33 01 straight-basic の
「**4** 前ポケットを作る」を参照。

5 前股ぐりを縫う→
p.34 01 straight-basic の
「**5** 前パンツの股ぐりを縫う」を参照。

6 ファスナーをつける→
p.34 01 straight-basic の
「**6** ファスナーをつける」を参照。

7 股下を縫い、縫い代は2枚一緒にロックミシン
をかけ、後ろパンツ側に倒してステッチをかける。

8 脇を縫う→
p.36 01 straight-basic の
「**7** 脇、股下を縫う」を参照。

9 ベルト布をつける→
p.46 02 straight-variation A の
「**9** ベルト布、ベルト通しをつける」を参照。
※ベルト通しは仮留めしない。

10 ベルト通しを作り、つける→
図を参照。

11 裾を三つ折りにしてステッチをかける→
図を参照。

12 ボタンホールを開け、リベット、ボタンをつける→
図を参照。

◀作り方順序▶

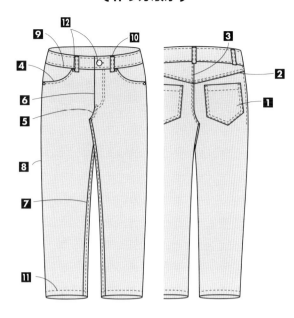

2 後ろパンツとヨークを縫う

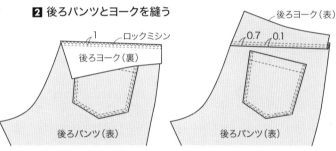

①後ろパンツと後ろヨークを中表に
合わせて縫い、縫い代は2枚一緒に
ロックミシンをかける

②縫い代をヨーク側にアイロンで倒し、
ヨーク側にステッチを2本かける

10 ベルト通しを作り、つける

①p.36 01 straight-basic の
「**8** ベルト通しを作る」を参照し、
ベルト通しを作り、指定寸法に
5本切り、ベルト下に合わせて縫う
(後ろは01 straight-basicと同位置)

②ベルト通しをベルト側に
折り上げ、上端を折って
ステッチをかける

11 裾を三つ折りにして
ステッチをかける

12 ボタンホールを開け
リベット、ボタンをつける

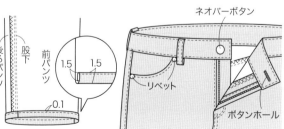

06 straight-variation D p.12

使用型紙 …とじ込み付録表面
前パンツ/後ろパンツ

◀出来上がり寸法▶

- Ⓢ ウエスト 66㎝/ヒップ 90.5㎝/脇丈 104.5㎝
- Ⓜ ウエスト 70㎝/ヒップ 94㎝/脇丈 104.5㎝
- Ⓛ ウエスト 74㎝/ヒップ 97.5㎝/脇丈 104.5㎝

◀パターン展開の順序▶

1. 前後パンツの裾を指定寸法延長し、裾幅を指定寸法で描き、股下、脇線を修正する。裾見返しの線を描く。
2. 後ろパンツの股下寸法を前パンツに合わせ、後ろパンツの股ぐりを修正する。
3. 前後パンツのウエスト見返し、見返し、持ち出しを製図する。
4. 前ポケット口をポケット口定規を使って製図し、ダーツをたたんで向こう布、袋布を製図する。
5. 後ろポケットを製図する。

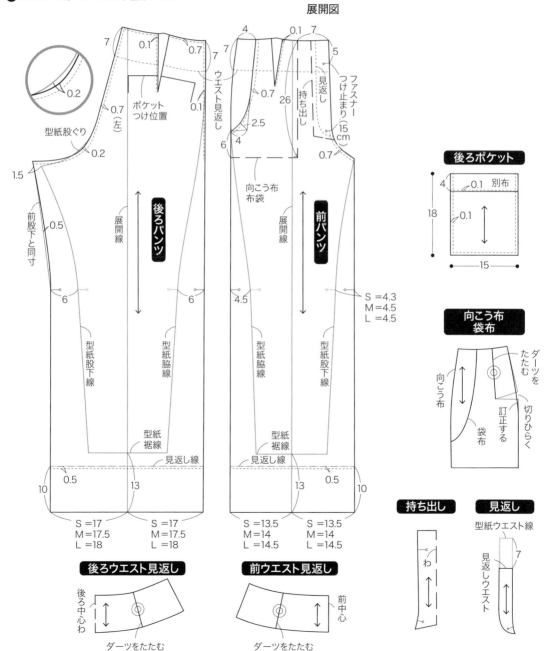

◀ 材料と用尺 ▶

表布（デニムストライプ）…150cm幅 170cm
別布（レース）…100cm幅 30cm
裏打ち布（綿ローン）…106cm幅 40cm
接着芯…80×30cm
伸び止めテープ…1.5cm幅 90cm

両面接着テープ…1cm幅 50cm
金属ファスナー…長さ15cm 1本
前カン…2組
スナップ…直径0.6cm 1組

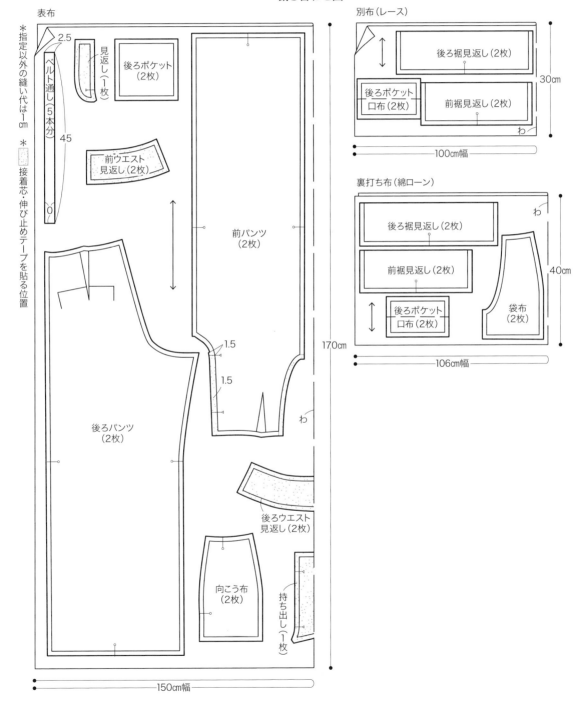

裁ち合わせ図

◀下準備▶

1 前後ウエスト見返し、持ち出し、見返しに接着芯、前ポケット口、ファスナー開き位置に伸び止めテープを貼る。

2 前パンツの股ぐりと股下、後ろパンツの脇と股下、見返し周り、前後ウエスト見返しのウエスト以外の外周り、後ろポケット外回り、ベルト通し両端にロックミシンをかける。→p.54「2 ロックミシンをかける」を参照。

◀作り方順序▶

1 ダーツを縫う→
p.31 01 straight-basic の
「1 ダーツを縫う」を参照。
ステッチをかける。

2 後ろポケットをつける→
図を参照。

3 後ろ股ぐりを縫い、左パンツ側にステッチをかける→
p.33 01 straight-basic の
「3 後ろ股ぐりを縫う」を参照。

4 前ポケットを作る→
p.33 01 straight-basic の
「4 前ポケットを作る」を参照。
前パンツの股ぐりのファスナー止まり以下を縫う。

5 ファスナーをつける。

6 脇を縫う。

7 ウエストを縫う→
p.54〜56「5 ファスナーをつける 〜 7 ウエストを縫う」を参照。

8 股下を縫う→
p.36 01 straight-basic の
「7 脇、股下を縫う」を参照。

9 裾を始末する→
図を参照。

10 ベルト通しを付け、
前カンを付ける→
図を参照。

◀作り方順序▶

2 後ろポケットをつける

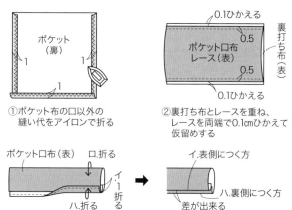

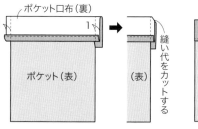

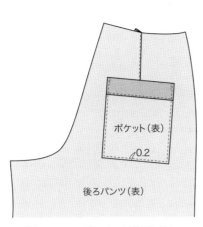

⑦後ろパンツのポケットつけ位置に重ねてつける

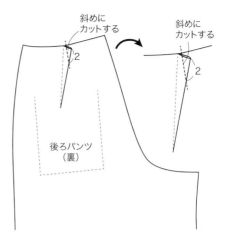

⑧ダーツの縫い代をカットする

9 裾を始末する

①後ろポケット口布を参照し、レースを0.1cmひかえて端に仮留めする

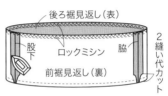

②前・後裾見返しを中表に合わせて脇、股下を縫い、縫い代を割る。上端をロックミシンで始末する

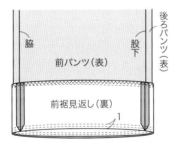

③パンツの裾に裾見返しを中表に合わせて縫う

④裾見返しをパンツの裏に返して表側からステッチ

10 ベルト通しをつけ、前カンをつける

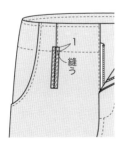

①パンツのウエストの下側のステッチに重ねて縫う

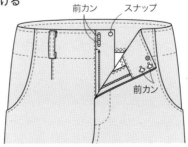

②ベルト通しを折り上げ上側のステッチに重ねて縫う
前カン、スナップをつける

straight-variation E p.14

使用型紙 …とじ込み付録表面
前パンツ／後ろパンツ

【出来上がり寸法】

- Ⓢ ヒップ 97cm／脇丈 99cm
- Ⓜ ヒップ 100cm／脇丈 99cm
- Ⓛ ヒップ 103cm／脇丈 99cm

脇丈はリブ布分 14cmを含む

【パターン展開の順序】

1. 前後パンツのウエストラインを指定寸法下げて描き直す。
2. 前後パンツの脇、股下線を修正する。
3. 前後パンツを展開線でウエストに向かって 3cm開き、地の目線を切り開いた中央に通す。
4. ウエストラインを訂正し、前パンツのポケット口をポケット口定規を使って製図し、向こう布、袋布を製図する。
5. 後ろパンツに飾りポケットつけ位置を製図する。
6. ウエストリブ、裾リブ、飾りポケットを製図する。

製図

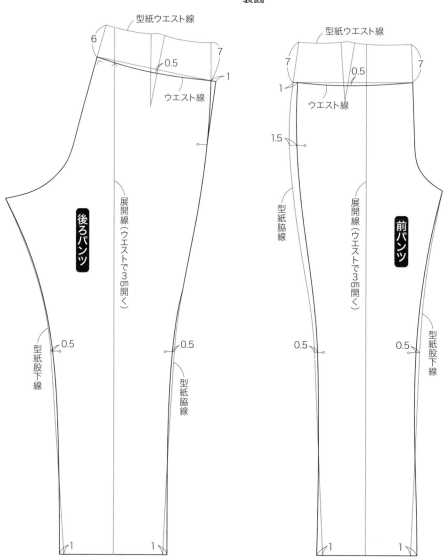

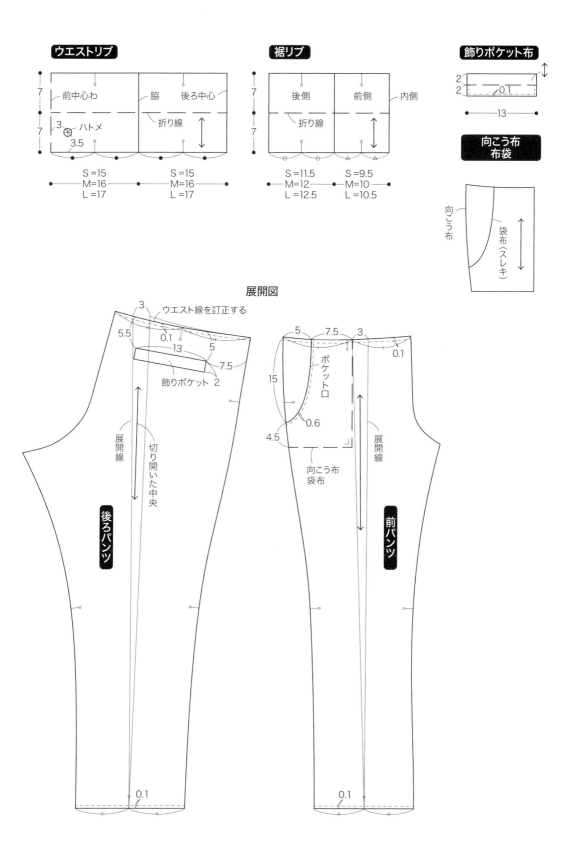

◧ 材料と用尺 ◨

表布(ヘリンボーン)…145cm幅 130cm
リブ布…110cm幅 40cm (または16cm幅 150cm)
スレキ…40×25cm
接着芯…20×20cm
伸び止めテープ…1.5cm幅 40cm
両面ハトメ…直径1.2cm 2組
綾テープ…幅1cm 170cm

◧ 下準備 ◨

1. 飾りポケット布に接着芯、ポケット口に伸び止めテープを貼る。
2. ウエストリブにハトメを打つ。

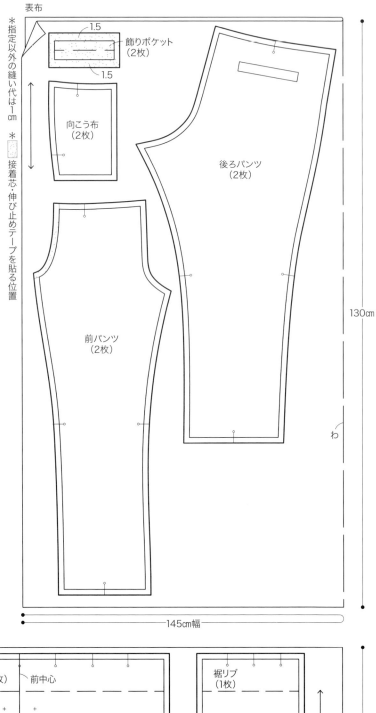

裁ち合わせ図

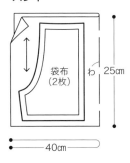

スレキ

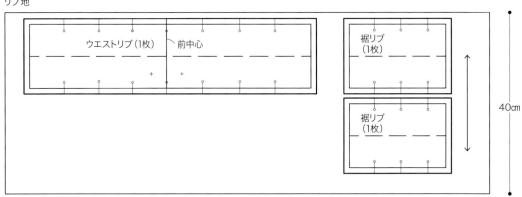

◀作り方順序▶

1 飾りポケットをつける→
図を参照。

2 前ポケットを作る→
p.33 01 straight-basic の
「4 前ポケットを作る」を参照。

3 脇、股下を縫い、縫い代は2枚一緒にロック
ミシンで始末して、後ろパンツ側に倒す。

4 股ぐりを縫う→
図を参照。

5 裾、ウエストにリブをつけ、綾テープを通す→
図を参照。

◀作り方順序▶

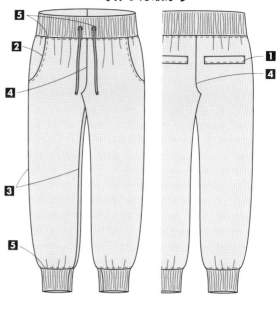

1 飾りポケットをつける

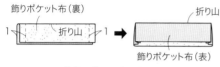

①飾りポケット布を中表に
二つ折りにし、両端を
縫い表に返す

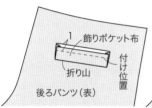

②後ろパンツの飾りポケット
付け位置に合わせて縫う

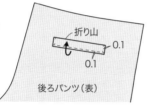

③飾りポケット布の折り山を
上側に返して折り山以外を
縫い留める

5 裾、ウエストリブをつけ、綾テープを通す

①ウエストリブを中表に二つ折りにし、
後ろ中心を縫い、縫い代を割る

②外表に二つ折りにする
裾リブも同様に作る

4 股ぐりを縫う

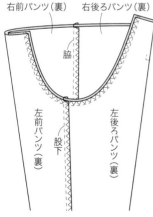

①左右のパンツを中表に合わせ
股ぐりを縫い、縫い代は2枚一緒に
ロックミシンをかけ、左パンツ側に倒す

②パンツのウエスとリブを中表に
合わせリブを伸ばしながら縫う
縫い代は2枚一緒にロックミシンを
かける

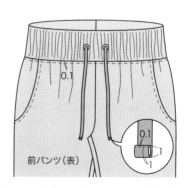

③縫い代をパンツ側に倒してステッチをかける
裾も同様にする
ウエストリブの中にハトメからひもを通し、
両端は三つ折りにしてステッチをかける

79

straight-variation F p.15

使用型紙…とじ込み付録表面
前パンツ／後ろパンツ／片玉縁ポケット袋布／片玉縁ポケット向こう布／玉縁布

【出来上がり寸法】
- Ⓢ ヒップ 98cm／脇丈 98cm
- Ⓜ ヒップ 101.5cm／脇丈 98cm
- Ⓛ ヒップ 105cm／脇丈 98cm

脇丈はベルト布分4.5cmを含む

製図

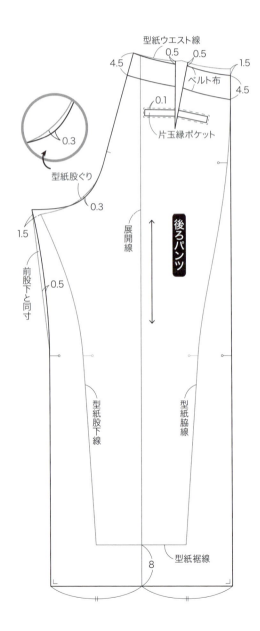
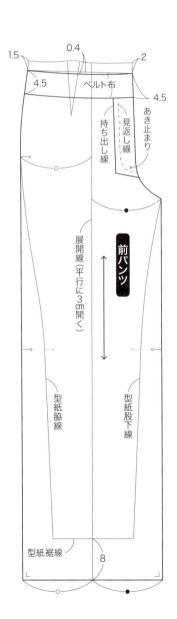

◀ パターン展開の順序 ▶

1 前後パンツのウエストラインを指定寸法下げて描き直し、ベルト幅を平行に製図する。

2 丈を指定寸法延長し、脇線、股下線を描き直す。

3 後ろパンツの股下寸法を前パンツに合わせ、股ぐりのカーブを訂正する。

4 前パンツを展開線で平行に3cm開き、前パンツのタック、ポケット口、向こう布、袋布を製図する。

5 ベルト布はウエスト側でゆとり分ダーツを残し、下側はダーツを閉じて写し、右端に持ち出し分を製図する。

展開図

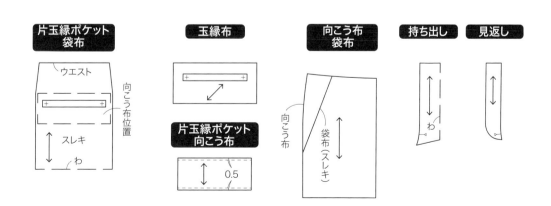

◀材料と用尺▶

表布（ウール）…144cm幅 200cm
スレキ…60×60cm
接着芯…60×100cm
伸び止めテープ…1.5cm幅 80cm
両面接着テープ…1cm幅 50cm
フラットニットファスナー…20cm 1本
前カン…2組
スナップ…直径0.6cm 1組

◀下準備▶

1 ベルト布（両端に増芯）、持ち出し、見返し、玉縁布に接着芯、前ポケット口、ファスナー開き位置に伸び止めテープを貼る。

2 前パンツの股ぐり、股下、後ろパンツの股下、脇、片玉縁ポケット向こう布、玉縁布の下端、見返しの周囲、ベルト通し両端にロックミシンをかける。

3 アイロンで前、後ろパンツの裾を仕上がりに折る。持ち出しを外表に二つ折りにする。

裁ち合わせ図

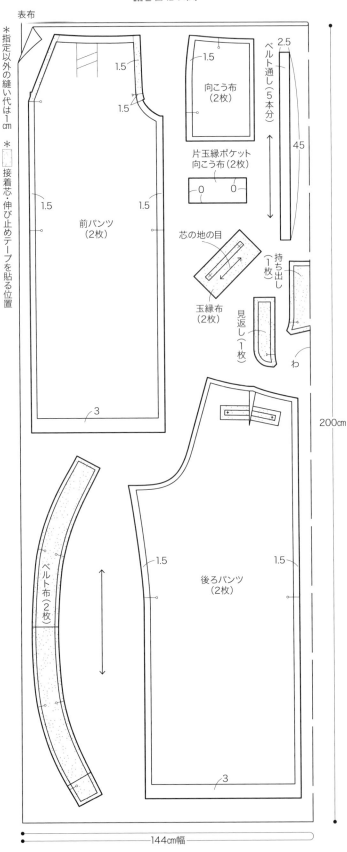

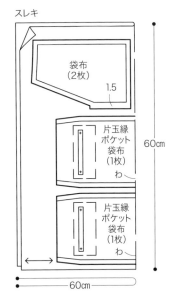

82

◀作り方順序▶

1 ダーツを縫う→
p.31 01 straight-basic の
「1 ダーツを縫う」を参照。

2 片玉縁ポケットを作る→
p.31 01 straight-basic の
「2 片玉縁ポケットを作る」を参照。

3 後ろ股ぐりを縫う→
p.33 01 straight-basic の
「3 後ろ股ぐりを縫う」を参照。

4 前ポケットを作る→
p.33 01 straight-basic の
「4 前ポケットを作る」を参照。

5 前パンツの股ぐりを縫う→
p.34 01 straight-basic の
「5 前パンツの股ぐりを縫う」を参照。

6 ファスナーをつける→
p.34 01 straight-basic の
「6 ファスナーをつける」を参照。
※ファスナーはあき止まり位置に合わせてつけ、余分をウエスト側でカットする。

7 脇、股下を縫う→
p.36 01 straight-basic の
「7 脇、股下を縫う」を参照。

8 ベルト通しを作る→
p.36 01 straight-basic の
「8 ベルト通しを作る」を参照。

9 ベルト布、ベルト通しをつける→
p.46 02 straight-variation A の
「9 ベルト布、ベルト通しをつける」を参照。

10 裾を整え、まつる→
p.48 02 straight-variation A の
「10 裾の始末をする」 1 を参照。

11 前カン、スナップをつける→
p.53 09 wide tuck-basic の
「9 前カンを縫いつける」を参照。
※図の位置に前カン、スナップをつける。

◀作り方順序▶

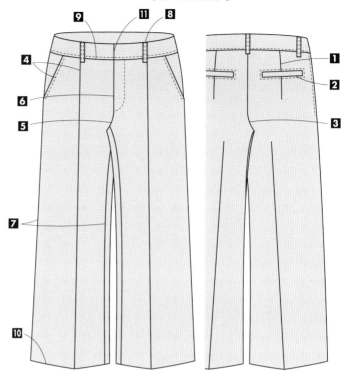

11 前カン、スナップをつける

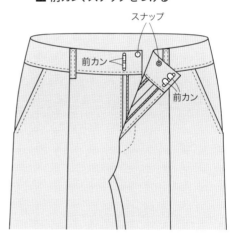

前カン、スナップをつけセンタープレス

wide tuck-variation A　p.18

使用型紙 …とじ込み付録裏面
前パンツ／後ろパンツ／向こう布／袋布

【出来上がり寸法】

- Ⓢ ウエスト 85cm (70.5) ／ヒップ 119cm／パンツ丈 90cm
- Ⓜ ウエスト 89cm (74.5) ／ヒップ 123cm／パンツ丈 90cm
- Ⓛ ウエスト 93cm (78.5) ／ヒップ 127cm／パンツ丈 90cm

※（　）はゴムベルトを通した寸法

製図

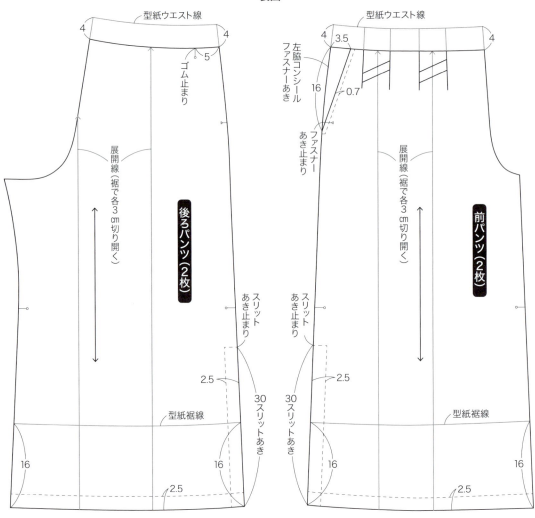

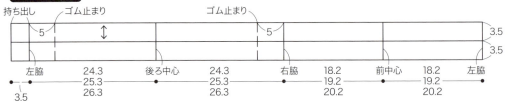

※製図内の数字は上から順にS・M・Lサイズ
　数字が一つのものは3サイズ共通

◀ パターン展開の順序 ▶

① 前後のパンツ丈を型紙の裾線から16cm延長し、スリットあき止まり位置に合印を入れる。

② 前後のウエストラインを型紙のウエストから4cm平行に下げる。

③ 前ポケット口を指定寸法で描き直す。

④ 前後パンツを各展開線の裾側で3cm切り開き、裾線をつながり良く描き直す。

⑤ ベルト布を指定寸法で製図する。

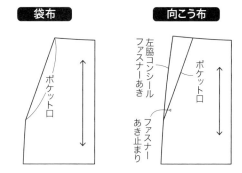

展開図

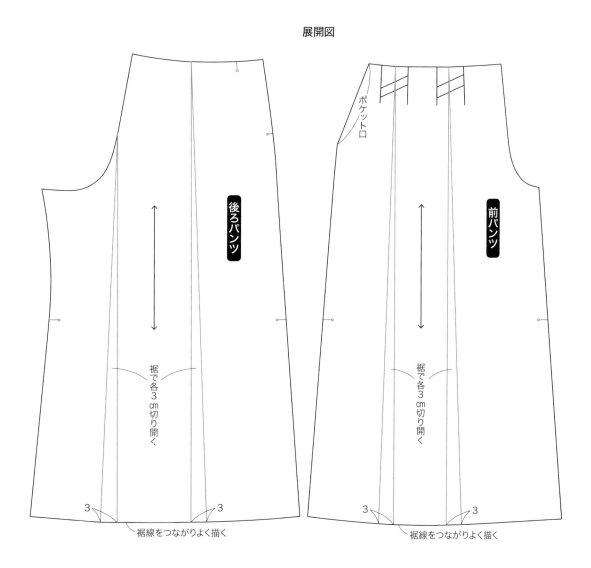

◖材料と用尺◗

表布（綿麻プリント）…110cm幅 320cm
接着芯…20×100cm
コンシールファスナー…長さ22cm 1本
ゴムベルト…3cm幅 S＝26cm、M＝28cm、L＝30cm
ダブル前カン…1組

◖下準備◗

1. ベルト布、裾スリット見返しに接着芯、前ポケット口、左脇ファスナーつけ位置に伸び止めテープを貼る。

2. 後ろパンツの脇、股下、前パンツの股下の縫い代端にロックミシンをかける。

3. 裾の縫い代をアイロンで仕上がりに折る。

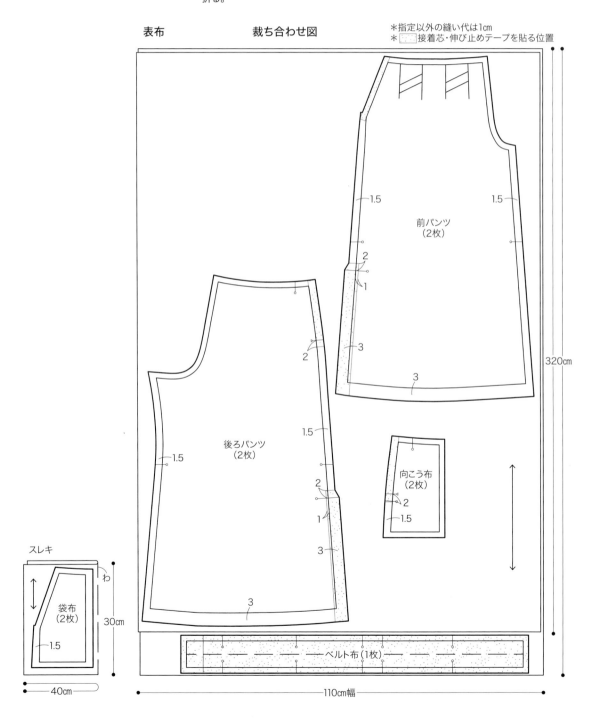

◀ 作り方順序 ▶

1. 前パンツのタックをたたみ仮留めする→ p.50 09 wide tuck-basic の「1 タックをたたむ」を参照。

2. ポケットを作る→ p.33 01 straight-basic の「4 前ポケットを作る」を参照。

3. スリット開き部分は針目を大きくして脇を縫う→図を参照。

4. 左脇にコンシールファスナーをつける→ p.51 09 wide tuck-basic の「4 ファスナーをつける」を参照。

5. 股下を縫う→ p.52 09 wide tuck-basic の「5 股下を縫う」を参照。

6. 股ぐりを縫う→ p.52 09 wide tuck-basic の「6 股ぐりを縫う」を参照。

7. ベルト布をつける→ p.52 09 wide tuck-basic の「7 ベルト布をつける」を参照。

8. スリット、裾の始末をする→ 図を参照。

9. 前カンをつける→ p.53 09 wide tuck-basic の「9 前カンを縫いつける」を参照。

◀ 作り方順序 ▶

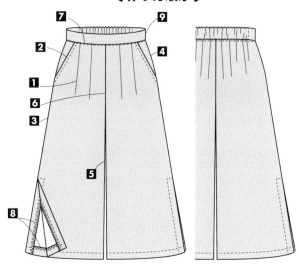

8 スリット、裾の始末をする

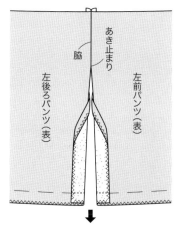

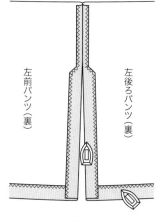

②スリットの縫い代を裏面に返して裾、スリットを仕上がりにアイロンで折る

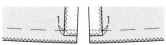

①スリットあきのミシン目をほどき、スリットの縫い代を中表に折り、裾を縫う（上図）縫い代の余分をカットする（下図）

3 脇を縫う

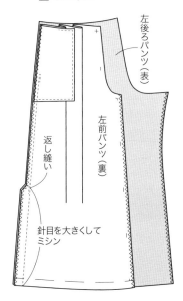

スリットあき部分はミシンの針目を大きくして、左脇はファスナーあきを残して脇を縫う

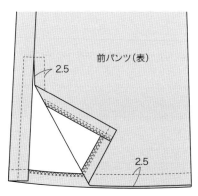

③スリット部分と裾にステッチをかける

87

12 wide tuck-variation B p.20

使用型紙 …とじ込み付録裏面
前パンツ／後ろパンツ

◀ 出来上がり寸法 ▶

- Ⓢ ウエスト 81cm（69cm）／ヒップ 120cm／脇丈 100cm
- Ⓜ ウエスト 85cm（73cm）／ヒップ 124cm／脇丈 100cm
- Ⓛ ウエスト 89cm（77cm）／ヒップ 127cm／脇丈 100cm

※（ ）はゴムベルトを通した寸法

◀ パターン展開の順序 ▶

1. 前後パンツの丈を型紙の裾線から 26cm 延長し、ポケット口、袋布を製図する。
2. 後ろパンツは展開線の裾側で 5cm 切り開き、前パンツは展開線で平行に 5cm 切り開く。裾線はつながりよく描き直す。
3. ウエスト線と平行に見返し線を描き、前見返しはタック分を突き合せる。
4. ループ位置、ゴム止まり位置を描き入れる。
5. 共布ループ、肩ひもを製図する。

製図

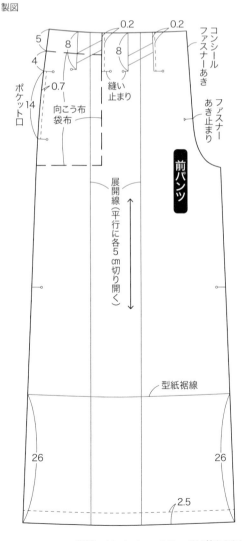

※13 wide tuck-variation C は前あきなし

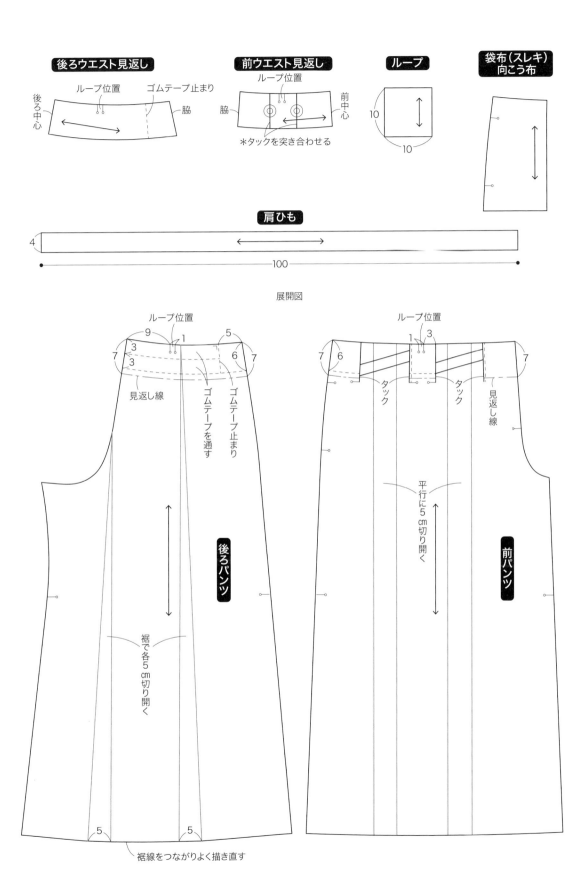

◀材料と用尺▶

表布（クリアツイル）…140㎝幅 S・M
＝250㎝、L＝260㎝
接着芯…60×40㎝
伸び止めテープ…1.5㎝幅 80㎝
スレキ…40×30㎝
コンシールファスナー…長さ22㎝ 1本
ゴムベルト…2.5㎝幅 S＝52㎝、
M＝56㎝、L＝60㎝

◀下準備▶

1. 前見返し、後ろ見返し、共布ループに接着芯、前ポケット口、ファスナーつけ位置に伸び止めテープを貼る。

2. 前パンツの股ぐり、見返しの前中心、脇にロックミシンをかける。

3. 前、後ろパンツの裾をアイロンで仕上がりに折る。

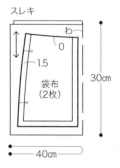

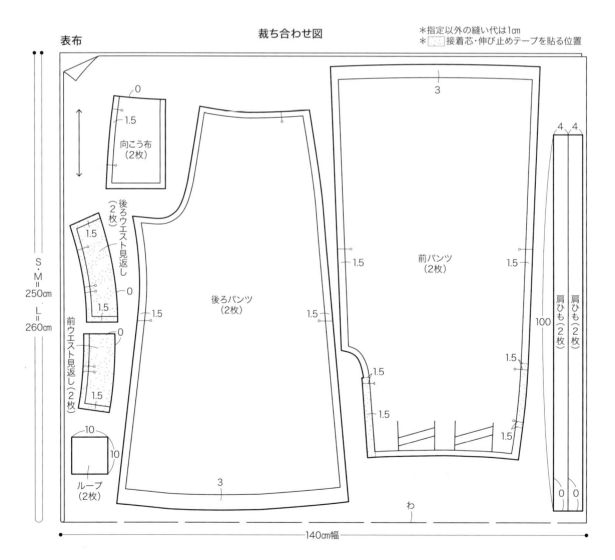

◀作り方順序▶

1 タックを縫う→
図を参照。

2 前股ぐりを縫う→
p.34 01 straight-basic の
「5 前パンツの股ぐりを縫う」を参照。

3 コンシールファスナーをつける→
p.51 09 wide tuck-basic の
「4 ファスナーをつける」を参照、端は
p.57 を参照して始末する。

4 後ろ股ぐりを縫う→
p.33 01 straight-basic の「3 後ろ
股ぐりを縫う」を参照。

5 シームポケットを作り、脇を縫う→
p.58 を参照。

**6 股下を縫い、縫い代は2枚一緒
にロックミシンをかけ、後ろパンツ側
に倒す。**

**7 共布ループを作ってウエストに仮
留めする→**
p.60 を参照。

8 ウエストの始末をする→
p.61 を参照。

9 裾の始末をする→
p.53 09 wide tuck-basic の
「8 裾の始末をする」を参照。

10 ひもを作ってループに通して結ぶ→
図を参照。

◀作り方順序▶

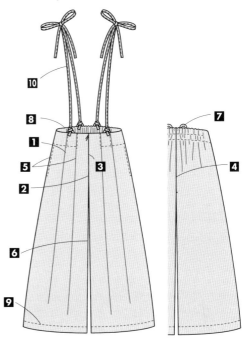

1 タックを縫う

①タック分を中表に合わせて縫う　②タックを脇側に倒して縫い目のきわにステッチ

10 ひもを作ってループに通して結ぶ

①アイロンで二つ折りにする
②折り目を開き、両端を折り目に合わせて折る
③1～4の手順で端を折りステッチをかける

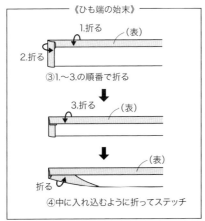

《ひも端の始末》
1.折る　2.折る
③1.～3.の順番で折る
3.折る
折る
④中に入れ込むように折ってステッチ

13 wide tuck-variation C p.22

使用型紙 …とじ込み付録裏面
前パンツ／後ろパンツ

◀ 出来上がり寸法 ▶

- Ⓢ ウエスト 81cm（69cm）／ヒップ 120cm／脇丈 100cm
- Ⓜ ウエスト 85cm（73cm）／ヒップ 124cm／脇丈 100cm
- Ⓛ ウエスト 89cm（77cm）／ヒップ 127cm／脇丈 100cm
- ※（ ）はゴムベルトを通した寸法

◀ パターン展開の順序 ▶

※前後パンツは、
p.88 12 wide tuck-variation B と同型なので、製図は p.88 を参照。

1 前後パンツの丈を型紙の裾線から 26cm 延長し、ポケット口、袋布を製図する。

2 後ろパンツは展開線の裾側で 5cm 切り開き、前パンツは展開線で平行に 5cm 切り開く。裾線はつながり良く描き直す。

3 ウエスト線と平行に見返し線を描き、右前見返しはタックを作らずそのまま写し、左前見返しは左前パンツのタック分を突き合せて写す。

4 飾りベルト付け位置、ゴム止まり位置を描き入れる。

5 飾りベルトを製図する。

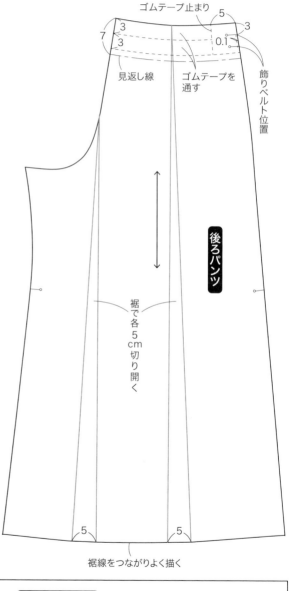

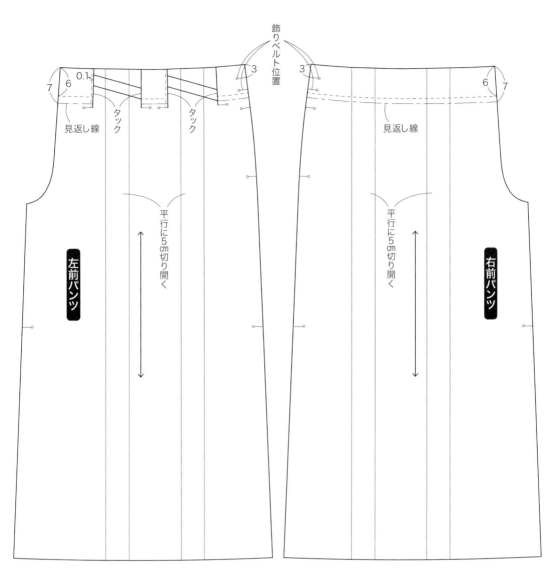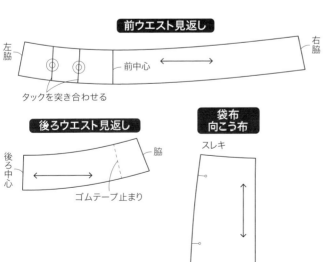

◀材料と用尺▶

表布（綿ツイル）…110㎝幅 S・M＝330㎝、L＝360㎝
接着芯…40×100㎝
伸び止めテープ…1.5㎝幅 40㎝
スレキ…40×30㎝
ゴムベルト…2.5㎝幅 S＝52㎝、M＝56㎝、L＝60㎝
Dカン…内径 3㎝ 2個
スナップボタン…直径 1.2㎝ 2組

◀下準備▶

1. 前見返し、後ろ見返し、飾りベルトに接着芯、ポケット口に伸び止めテープを貼る。
2. 前見返しの脇、後ろ見返しの後ろ中心、脇にロックミシンをかける。
3. 前、後ろパンツの裾をアイロンで仕上がりに折る。

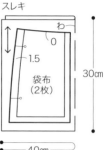

裁ち合わせ図

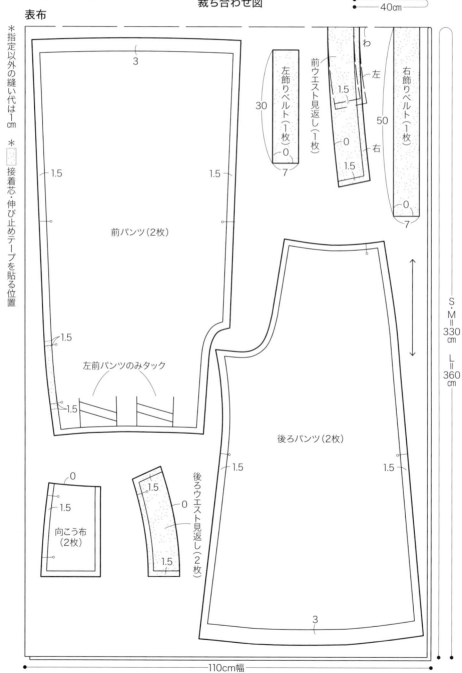

◀作り方順序▶

1 左前パンツのタックを縫う→
p.91 12 wide tuck-variation B の
「1 タックを縫う」の図を参照。

2 前股ぐりを縫い、縫い代は2枚一緒にロックミシンをかけ、左パンツ側に倒す。

3 飾りベルトを作り、前パンツの脇に仮留めする→
図を参照。

4 後ろ股ぐりを縫う→
p.33 01 straight-basic の
「3 後ろ股ぐりを縫う」を参照。

5 シームポケットを作り、脇を縫う→
p.58 12 wide tuck-variation B の
「5 シームポケットを作り、脇を縫う」を参照。

6 股下を縫い、縫い代は2枚一緒にロックミシンをかけ、左パンツ側に倒す。

7 ウエストの始末をする→
p.61 12 wide tuck-variation B の「8 ウエストの始末をする」を参照、見返しの縫い方は図を参照。

8 裾の始末をする→
p.53 09 wide tuck-basic の
「8 裾の始末をする」を参照。

9 右パンツのタックを縫い、Dカン、スナップをつける→
図を参照。

◀作り方順序▶

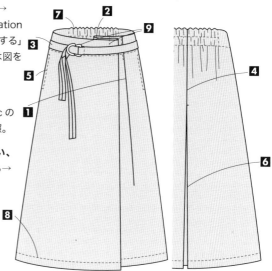

3 飾りベルトを作り、前のパンツの脇に仮留めする

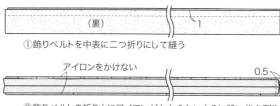

① 飾りベルトを中表に二つ折りにして縫う

② 飾りベルトの折り山にアイロンがかからないように縫い代を割り、一方の端を縫う

③ 表に返し、左ベルトは一方にステッチ
右ベルトはもう一方を折り込んでステッチ

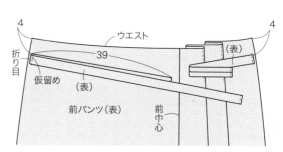

④ 左右の脇に飾りベルトを仮留めする

7 ウエストの始末をする

見返しの縫い方

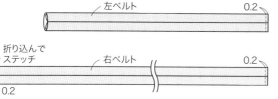

前後見返しを中表に合わせて脇を縫い、ウエスト側の縫い代は斜めにカットし縫い代は割る。外回りにロックミシンをかける

9 右パンツのタックを縫いDカン、スナップをつける

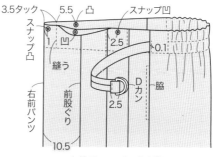

右前パンツのタックを縫い
スナップをつけ、Dカンをつける

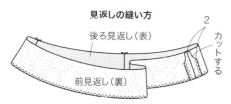

小峯有華

衣装制作、パタンナー。北海道生まれ。1996年、バンタンデザイン研究所ファッション学部卒業。アパレルメーカー勤務後にフリーランスに。コレクションブランドのパターン外注、タレント衣装、コマーシャル衣装、ミュージシャンのライブやPV衣装の制作を行う。都内の服飾系専門学校でパターン・ソーイングの講師をしている。また自身のブログで、縫い方やパターンのコツを独自の視点で解説している。

撮影：甲野菜穂美

【STAFF】
撮影　　　　安田有里　白井由香里
デザイン　　青海陽子（Bond Systems）
スタイリング　相澤樹
ヘアメイク　市橋由莉香
モデル　　　シェリー・Y
作り方解説　小島恵子
グレーディング　中垣良亮
図版トレース　株式会社ウエイド
プロセス縫製協力　藤田オリエ
撮影協力　　藤涼太郎　寺嶌亜美　青柳真子
　　　　　　竹川澪　高橋有希乃
編集協力　　岸本麻子
編集　　　　菊地杏子

【衣装協力】
Paille d'or
03-3498-8005

Trinca un plus un
http://trinca-unplusun.com

【撮影協力】
バンタンデザイン研究所東京校
デザイナーズメゾン
東京校渋谷区恵比寿南 3-9-34
03-5704-2111
https://www.vantan.com/index.php

【生地・糸提供】
オカダヤ新宿本店
東京都新宿区新宿 3-23-17
03-3352-5411
http://www.okadaya.co.jp/shinjuku/

cocca
東京都渋谷区恵比寿西 1-31-13
03-3463-7681
https://www.cocca.ne.jp/

パキラ
東京都荒川区東日暮里 6-58-5
03-3891-8990
http://www.eleg.co.jp/pakira/

MOMO
東京都荒川区東日暮里 5-50-1
03-3891-3346

フジックス
京都府京都市北区平野宮本町 5
075-463-8111
http://www.fjx.co.jp

パターン展開でバリエーションを楽しむパンツ
2つの原型から作る11のデザイン　　　　　　NDC593

2018年9月28日　発　行

著　者　小峯有華
発行者　小川雄一
発行所　株式会社 誠文堂新光社
　〒113-0033　東京都文京区本郷 3-3-11
［編集］電話 03-5805-7285
［営業］電話 03-5800-5780
http://www.seibundo-shinkosha.net/
印刷・製本　図書印刷 株式会社

©2018,Yuka Komine.
Printed in Japan

検印省略
万一落丁、乱丁本は、お取り替えいたします。本書掲載記事の無断転用を禁じます。また、本書に掲載された記事の著作権は著者に帰属します。これらを無断で使用し、展示・販売・レンタル・講習会等を行うことを禁じます。

本書のコピー、スキャン、デジタル化等の無断複製は、著作権法上での例外を除き、禁じられています。本書を代行業者等の第三者に依頼してスキャンやデジタル化することは、たとえ個人や家庭内での利用であっても、著作権法上認められません。

JCOPY ＜（社）出版者著作権管理機構 委託出版物＞
本書を無断で複製複写（コピー）することは、著作権法上での例外を除き、禁じられています。本書をコピーされる場合は、そのつど事前に、（社）出版者著作権管理機構（電話 03-3513-6969／FAX 03-3513-6979／e-mail:info@jcopy.or.jp）の許諾を得てください。

ISBN978-4-416-61880-6